for Bill
You can learn so much
about people through
photos and words.
Enjoy the book.
Bill

CASA ALTA

To Bill,
With best appreciation
& wishes, or something
like that, to one
photographer to another.

Rick Ramos
3/23/13

An Andalusian Paradise

Un Paraíso Andaluz

CASA ALTA

Fotografía de Photography by

RICHARD BARNES

Contribuciones de Contributions by

VICTOR CARRASCO

ANTONIO ORTIZ

JOHN A. LOOMIS

ELIZABETH MCMILLAN

JACOBO CORTINES

PRINCETON ARCHITECTURAL PRESS
New York

CONTENTS
Contenidos

The private garden as paradise

VICTOR CARRASCO

My own house in southern Spain had a very strong intention behind its design,

or rather its redesign, since it was originally a twelfth-century Muslim defense tower, part of the fortification of the town. Southern Spain is a palimpsest, a superimposition of cultures on cultures. The Romans occupied the area for four hundred years, the Visigoths for two hundred, and the Arabs for eight hundred. Islam invaded the Iberian Peninsula in 711 and stayed there until Ferdinand and Isabella forced them out of the Alhambra of Granada in 1492.

Islam left an indelible imprint on Spanish culture and architecture. The Alhambra of Granada, one of the most sensual buildings in the history of architecture; the Great Mosque at Córdoba, possibly the closest that humankind has come to depicting the infinity of God by means of hard materials; the palace of Medina Azahara outside of Córdoba; and so on. But perhaps one of the area's most precious legacies of Islam is the incorporation of the private garden, however small, into a sensual lifestyle. When I want to escape the sensual desert of America, I find refuge tucked away in a remote little village in southern Spain.

The English word *paradise* is derived from the Latin *paradisus*, which in turn comes from the Greek *parádeisos*, which is from the Avestan (an ancient Persian language predating Farsi) *pairidaêza*, meaning enclosure—later used to describe enclosed, private gardens. The term *pairidaêza* eventually came to refer to not only the Persian garden but also to the sublime bliss of the Garden of Eden.

The Qur'an promises true believers an earthly paradise after death, forever. In an impossibly hot climate (during the summer months, when I live in inland southern Spain, the mid-afternoon temperatures can reach 110 to 115 degrees Fahrenheit), paradise gives trees to spread shade and produces fruits and flowers unfailingly, including pomegranates, suit apricots, lemons, oranges (and their intoxicating blossoms), jasmine, roses, and more. This rich bounty is accompanied by birdsong and the sound of water trickling from fountains, which enter cool and dark pavilions, providing respite.

In addition to the flowers, birds, and fountains, the Qur'an offers solicitous Hourtis, pages with gold bracelets and anklets and silks and brocades that scantily cover their beautiful young bodies. For those who inherit heaven, says the Qur'an, the Garden of Paradise shall be their hospitality for eternity, and they will never desire to be removed from it.

A poet from Córdoba wrote a description of the Andalusian garden that left a phosphorescent trail in my mind. His words have influenced the design of my house more than anything else I can recall: "There is no garden of paradise except in your own home. Do not think that tomorrow you will enter the eternal fire; You do not enter hell after having lived in heaven." When I die, I don't want to go to heaven, I want to go to my house.

"Cuando yo muera, no quiero ir al cielo, quiero ir a mi casa."

VICTOR CARRASCO
1942–2005

The
Casa Alta
of Bornos

ANTONIO ORTIZ

The Casa Alta could not refer with more exactitude to its occupant, Victor Carrasco.

Structures almost always last longer than their original social uses and consequently must undergo changes and alterations to adapt to the new needs and desires of society. Because of its special relation with time, architecture is inseparable from restoration and rehabilitation, distinguishing it from other visual arts. Within this general context, Andalusian architecture is paradigmatic. The intense cultural changes endured by the region have generated authentic juggling acts in effort to modify buildings for new situations. It is common—as in so many other places—that temples start with Gothic forms, continue during the Renaissance, and have their steeples completed in the baroque. The Andalusian transformations, however, are much more profound, such as Visigoth temples in mosques later altered into Renaissance or baroque cathedrals, Muslim minarets crowned by Christian bell towers, or even less exceptional forms such as Arab baths that are used as restaurants (symptomatic of the commonplace phenomenon).

With the modesty that a reduction in scale and proposition requires, this same continuity can be found in the house that is the subject of this book: an ancient stretch of Muslim wall integrated into the house of a local dignitary, later subdivided into minimal living spaces, and finally acquired in a semi-ruined state by San Francisco residents Victor Carrasco and Elizabeth McMillan for use as a summer house— adapting it to their needs and then enlarging it into a vacant neighboring property.

Victor's first intervention was limited. Removal of the house's successive subdivisions restored the original room sizes. The street facade was respected with only minimal restoration, while a few large windows on the upper floors were opened to the view. A new narrow staircase generated a spatial richness through progressively displaced flights.

If in this first modification the vernacular Andalusian architecture with its thick, whitewashed walls and courtyards demonstrated the virtues that permitted its permanence, it was in the second intervention—enlarging the spaces—that Victor expressed the sense of continuity typical of Andalusian buildings. By means of this spatial amplification, he prolonged the succession of open spaces, pergolas, and courtyards (especially the minimal but so effective courtyard of the lemon tree pool) that accompany the descent to the enclosed garden with its pool. One doesn't perceive contrast or juxtaposition in the union of both moments of the house, nor any narration that lets one acknowledge the redesign process. The house simply extends itself using the same mechanisms that allowed it to evolve in previous centuries. And this evolution implies much more than a stylistic adhesion, it recognizes the value of what exists, of the utility of the same components: the wall, the white, the courtyards, the secrecy of the spaces, the significance of sequence and discovery. Moreover, Victor's awareness of the naked, nearly abstract essence of Andalusian popular architecture is in tune with current sensibilities.

This sense of continuity, this sense of ease with the existing and its incorporation and transformation without prejudices, distinguishes the house and allows the visitor to recognize, or at least to experience, that various epochs of successive even contrary cultures have come to merge comfortably in it. However, it wouldn't be right to reference only the house. A house is more than its walls and spaces. Francisco Javier Sáenz de Oiza, teacher of so many Spanish architects, affirmed that the best houses are those in which the furniture has entered one piece at a time. This is felt throughout Victor's house, in each piece of furniture, in each object.

Each object has a history, a distinct provenance, and in many cases an anecdote linked to the moment of its acquisition. If speaking of reutilization and continuity in architecture, even more could be said in regards to furniture. Victor was a master at finding unexpected reutilizations of whatever objects caught his attention: marble counters for butchering were turned into tables when set on column bases, posts of unknown origin were incorporated into headboards, and drawing boards were used as tables and carpets as tapestries. He showcased old and modern pictures and drawings by artists either unknown or friends, as well as collections of objects that were acquired in the most distinct places, Spanish or American, English or Italian, Asian or African. If *A House like Me* is the happy title of a monograph on the house of Curzio Malaparte in Capri, then the Casa Alta could not refer with more exactitude to its occupant, Victor Carrasco. Thus to write about the house is like writing about the friend who is no more, and in doing so, I am paying him a tribute and a very personal homage.

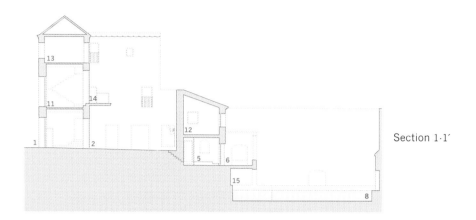

Section 1·1′

CASA ALTA in BORNOS

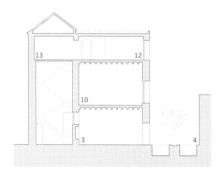

Section 2·2′

1 Main Entrance ENTRADA PRINCIPAL

2 Courtyard PATIO

3 Loggia LOGGIA

4 Lemon Tree Pool ESTANQUE DEL LIMONERO

5 Summer Living Room SALA DE VERANO

6 Pergola PERGOLA

7 Garden JARDÍN

8 Pool PISCINA

9 Rear Entrance ENTRADA TRASERA

10 Kitchen COCINA

11 Living Room SALA DE ESTAR

12 Bedroom DORMITORIO

13 Studio ESTUDIO

14 Terrace TERRAZA

15 Grotto GRUTA

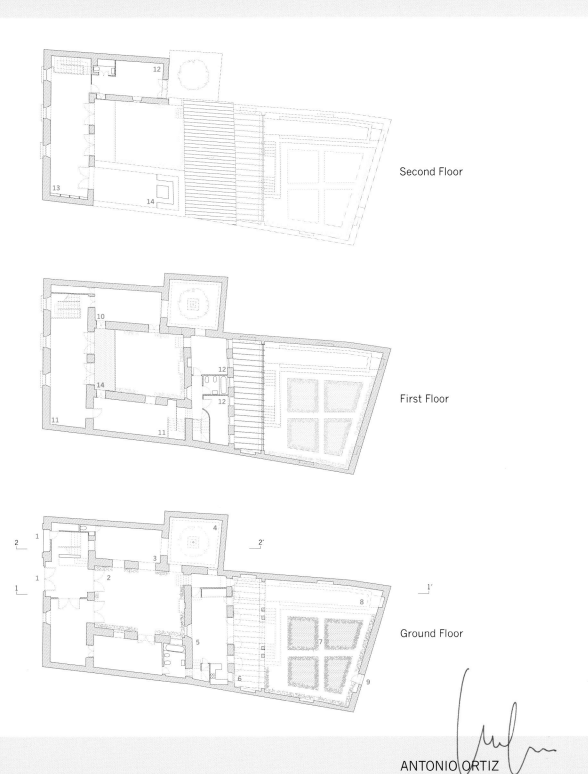

Second Floor

First Floor

Ground Floor

ANTONIO ORTIZ

Arquitecto principal
Cruz y Ortiz Arquitectos
Sevilla y Amsterdam

Victor Carrasco,
bodegonero
espléndido

JOHN A. LOOMIS

The *bodegón*, or Spanish still life, is a genre that has been a field of creative activity for artists from Francisco Zurbarán to Pablo Picasso to…

Victor Carrasco.

However, for Victor, the *bodegón* is not confined to the frame of the painting. He composed and integrated art and architecture in the two spaces that framed his life, the Casa Alta, outside Seville in Spain, and Graystone Terrace, his residence in San Francisco. The houses were his evolving creative fields of operations.

Nature morte, Stilleben, still life, and *bodegón*, these are the French, German, English, and Spanish terms, respectively, for the painting genre in which objects—fruit, vegetables, animal carcasses, bread, crockery, glassware, skulls, timepieces, and all sorts of other inert items—are carefully composed within the four sides of the painting canvas. *Bodegón* stands apart from its counterparts for two reasons: First, it came into use in the late sixteenth century or before, while the other terms were not created until the mid-seventeenth century. Second, *bodegón* designates not a state of immobility, but a place. The *bodegón* (literally "big bodega") was the place where primarily food and wine were stored: a cantina, pantry, or larder.

Within the European arc of the still life, the *bodegón* is distinguished not only for the uniqueness of its name but for its Spanishness. The renowned Spanish art historian Alfonso Pérez Sánchez states: "Without doubt the Spanish still life…has a quite singular personality, and responds to a concept that differs to some extent from its contemporaries in Italy, Flanders, Holland, and France. A humble, grave, and profound sensibility impregnated with an almost religious sentiment, which imposes order on objects of transcendent value, becomes the new and highly personal contribution of the first Spanish artists in the genre."[1]

Initially, there was controversy about the genre in conservative Spain. The *bodegón*'s detractors believed that the imitation of nature lacked the nobility of historical representation, and the genre was looked upon as a suspicious occupation executed by artificers, not artists. But the still life, in short time, assumed a dignified place with a contemplative and devotional role. It became a field for juxtaposing the naturalness of its subjects within a geometrically ordered compositional framework, inviting reflection on the transience of material life. Furthermore, the *bodegón* became a rich and enduring area of investigation and expression for artists.

For Victor, each residence (in Seville and San Francisco) is a *bodegón*— that contains *bodegones* containing *bodegones* containing *bodegones.* The works are ordered according to Victor's curiosity for the objects and the rigorous rules of composition, as well as his passion for proportional relationships that he applied on multiple scales. Unlike the *bodegón* as painting, Victor's *bodegones* are not frozen in time and space. Instead, free from the constraints of the canvas, they are subject to endless recombination and recomposition. The works have a life of their own that invites the viewer to enter and engage. But like the *bodegón* as painting, they incite contemplation. Victor was a master *bodegonero*, in the best of the Spanish tradition, who went beyond the tradition to create spaces, places, and a life that inspire reflection upon the very meaning of life.

[1] Alfonso Pérez Sánchez, quoted in "Bodegones," Francisco Calvo Serraller, in *Spanish Painting from El Greco to Picasso: Time, Truth, and History*, ed. Carmen Giménez and Francisco Calvo Serraller (New York: Solomon R. Guggenheim Museum, 2006), 59.

Finding
the
crucifixes

ELIZABETH MCMILLAN

I listen to the crowing of the cocks and wonder how many years before there will be no more roosters in Bornos to announce the dawn. Progress will probably take them away, just as it robbed me of the slanted rooftops with their abstract shapes and textures that I had always planned to photograph. The white wall across the courtyard takes on the deep blue glow of impending daylight. The flamboyant pink-orange bougainvillea is only a black silhouette. Martins hover briefly outside one of the gargoyles; maybe they have a nest hidden there.

A cool breeze entering through the kitchen window makes me shiver despite my cotton robe. I sip my coffee. The storks in their nest on the church steeple have started clacking their beaks. The sun rises as a pale disc veiled by haze, but it will soon burn through and I'll have to start my daily defense against its heat. The noisy staccato of a motorbike penetrates the solid doors on the front of the house; I hope that progress will bring mufflers to the motorbikes.

Everything seems to remind me of how much has changed since Victor and I bought this house twenty-eight years ago. The weathered wooden door across the courtyard looks as if it has been there for centuries, but actually it came from an architectural salvage shop two decades ago. The closed door hides the room of my mother-in-law, Catalina. It took me years of suffering from Andalusian summer heat to understand why she chose that dark, austere room. It is the coolest and most private space in the house.

It isn't her room anymore, but not because she died, although she did die three years ago. Victor was devastated and didn't want anyone to use her bedroom. He decided to transform the room so that it would no longer belong to her; he removed her simple cross and covered the white walls with multicolored tiles.

For years, Victor searched the Seville flea market, buying the elaborate, glazed tiles that have decorated the ground-floor walls of Andalusian homes and palaces since the time of the Moors in the Alhambra. He had a large accumulation of early twentieth-century tiles in many mismatched patterns of the four traditional colors. The challenge was to arrange and then rearrange them until we had satisfying compositions for each wall. The results were so complex that the bricklayer almost quit. He complained, "I can't sleep at night with those tiles dancing in my head." Although it's a modern composition, it retains the rich impression of the old tiles. When our housekeeper first saw them, she said, "Señora, when you wake up in this bedroom, you'll think you've been sleeping with King Charles the Fifth."

Now Victor, too, is dead. I can't transform the whole house (as he did for his mother's room) as an act of respect for him. Quite the opposite, I'm trying to maintain the house much as he conceived it.

My niece, Torrey, breaks into my reminiscence. She's full of energy, revitalized by a night's sleep after her long trip from the States.

"Can I make breakfast? Have you eaten? You said last night that we could have toast with Juana's bitter orange marmalade—yum."

After breakfast, she helps with my morning ritual, confining the cool night air inside the house. We proceed room by room lowering the blinds and closing the windows and doors. We end up on the roof terrace pulling the cords of the heavy canvas awnings, which shade both terrace and courtyard. Architects call this passive solar design, but it doesn't seem passive to me. Victor's euphemism seems more accurate, "It's an interactive house."

I relax in a chair in the great room.

"Now what can I do?" Torrey says.

"Well, I've been going crazy trying to find all the ivory crucifixes that belong on the vargueno chest over there. Do you remember them?"

Torrey tries, but can't remember any crucifixes. She has strong memories of the house from her visit fifteen years earlier: lunches with her legs in the lemon tree pool, tapas on the roof terrace at sunset, trying to walk on her hands the full length of the garden pool, hiking in the mountains. Now she examines the room attempting to connect with other memories.

The room is dark, illuminated only by slivers of sunlight glaring through the slats of the Persian blinds. Her gaze passes over an array of abstract paintings, old tribal rugs, and framed etchings that fill the tall walls. The texture of the whitewash, which impressed her on her last visit, is not so noticeable, hidden by objects competing for her attention.

A ray of sunlight penetrates a hole in the blind and picks out the sad face of the Dolorosa, resting on a chest in front of the staircase. Torrey remembers her well; she used to be at the other end of the room opposite the sofa and chairs, where she was a disturbing presence, seeming to intrude into any conversation.

Her uncle's enthusiasm was unforgettable, "I found her without any clothes on in the Seville flea market—she's incredible—better than anything they have in most churches." Torrey smiles, noticing that the virgin is still dressed in the faded green silk remnant of her great-grandmother's painted trapunto bedspread. Torrey is as passionate about recycling as her uncle was about art.

She says, "I don't remember the crucifixes. What were they like?"

"They're old, beautifully carved ivory figures on wooden crosses. I always complained about them. I told Victor they were a forest of dead men hanging from dead trees. He told me not to get hung up on the narrative content; he liked them for their plastic content, because of the quality of the carving."

"I didn't think Uncle Victor was religious."

"He wasn't. He said that one crucifix was a religious icon, but six of them were a collection."

"But why crucifixes?"

"It started just ten years ago—that's why you don't remember them. Victor was in London giving lectures. He discovered that the English didn't want Catholic art and would trade a fantastic eighteenth-century crucifix for his vintage gold wristwatch. After that, every year he'd take a few watches to London. He had a bunch of mechanical watches that he bought at California flea markets in the early 1980s when everyone was switching to digital."

"So why did he hide them?"

"I don't know why—in case of burglars, I guess. He liked to hide things. He put everything away when he closed up the house every year. He closed up last September as usual. No hint that he was going to die in November. My problem is that I let that be his job, so now I can't find anything. I've searched everywhere. I even had a locksmith force open a metal box that I found. It contained stacks of old love letters. You should have seen the locksmith's assistant; she thought it was so romantic. But they weren't mine, they were from his previous girlfriend."

"Did Tucker try?" Torrey's cousin visited two weeks ago.

"He spent a whole day looking. Victor was a master at hiding things. I can't find the Sumerian cylinder seals in San Francisco either."

"Well," says Torrey, warming to the challenge, "we'll just have to be systematic. Start at the bottom."

Torrey keeps on task, but I'm distracted. Every room, every object has a story to tell—too many stories competing to be told. If I were to start one, the next one would interrupt it. We go through the closets and cupboards, bags and boxes, under the beds and on top of the armoires with only Torrey's commentaries. "Look at the feathers on this fan. Was it Catalina's?" "Why does he have three telescopes?" "Oh my god, look at that false tooth display!"

Hours later we are back where we began, in the great room. Torrey starts going through the collection of wooden boxes under the antique vargueno desk.

"Those boxes are too small to hold a crucifix."

"I'll look anyway."

So while Torrey explores each box, I start idly opening the vargueno's drawers. When closed, the vargueno is a plain box. One hinged side panel can be lowered to form a flat writing surface and expose the many little drawers. A long latch hanging from the top molding can fasten the drop panel in the closed position. I grab the latch, which is blocking one of the drawers, and suddenly I realize that the whole crown molding is lifting with it.

"Good god. I can't believe it. Torrey look—a secret compartment. They're all in there."

The Casa Alta had centuries of previous lives

when we bought it in 1978. Actually, we only bought half of it then, and the second half ten years later. It was just what we were looking for: an abandoned Andalusian courtyard house. Its central arcade had partly collapsed. A section of the roof had caved in. A fifteen-foot fissure in a side wall put the whole front facade in danger of falling onto the street. There was no running water or electricity. There was only a wooden ladder leading to a granary on the top floor.

However, there were two courtyards, and plenty of space. It was three stories and called the Casa Alta because it was the highest house in the small town. The walls were almost three feet thick, composed of irregular stones and Roman cement and covered with hundreds of layers of whitewash. There was a large *azotea*, or roof terrace, with a panoramic view out over the town with its church and castle and the lake, fields, and mountains.

What made it possible was the price. The owners, Juan and his wife, were asking for less than the price of the lot, because they assumed that we would have the expense of hauling away the rubble from demolishing the house. But we didn't want to tear it down. This house had survived for so many centuries by adapting to each new resident. We would respect its many pasts but remodel it in a way that would satisfy our present and would ensure its future.

Unfortunately for us, at the time, Juan and his wife were selling only the front half of the house, three of the four wings surrounding a courtyard. The back wing, which overlooked a walled stable yard and the shack where they lived, would be ours only if we could find them a house they liked better. We bought the front half plus a small side courtyard; the rest would have to wait.

Our first task was to stabilize the structure and decide how many of the house's existing elements could be conserved. Victor sought the help of a friend, the Seville architect and sculptor José Ramón Sierra. They tied the unsteady front wall to the rest of the structure by adding a thick band of reinforced concrete around the top of the walls. A new roof using the original rounded brick tiles capped this foot-thick band.

The few small windows, with wooden shutters and no glass, didn't satisfy our modern preference for light and views, so we cut through the massive walls to create several large, double glass doors and windows. The design also included new staircases, bathrooms, and a sizable kitchen.

Part of the excitement of an old house is discovering traces of its previous lives. We uncovered a vertical slit window high on the wall of the tallest wing, which we were told had been a defense tower in the wall that protected the medieval town. We could imagine archers shooting from this window—probably both Moorish and Christian defenders, since the town had changed hands back and forth multiple times over several centuries before the final defeat of the Moors in Granada in 1492.

We were also told that in the seventeenth century a mansion was built onto the tower. This in turn was divided up in the nineteenth century to become a *casa de vecinos*, or rooming house, for up to twenty families. Victor and José Ramón examined the old bricks on the second floor, discovering evidence of how the seventeenth-century mansion had been altered. A single herringbone panel and simple border confirmed that the four rooms across the front of the house had originally been one room. When they removed the thin walls to restore the "great room," they left the white lines across the herringbone bricks to mark where the walls had been. Victor noted, "I want you to be able to read the history of what I've done."

The house had more secrets. We put holes in the cement along the courtyard walls to plant vines that would climb the tall walls and trail over the balcony railings. A few years later, we decided to add a crape myrtle tree in the middle of the courtyard for shade. The workman had to break through layers of cement and stone to reach dirt. As he dug deep to make enough space for the roots, he nearly lost his shovel into a large void. Everyone gathered around, peering into the hole and plumbing its depth with a beer bottle on a string. Finally, an elderly neighbor joined the onlookers.

"I played here as a kid," he revealed. "It's a tunnel we explored. They told us that it might fall in on us. They said that it went all the way down to the castle and across to the convent. But our flashlights gave out." He didn't know who had built the tunnel or when or why. Was it an escape route for sieges during the centuries of shifting control between the Moors and the Christians? And why the connection to the convent? We would have liked to explore further, but time and budget stopped us. Fifteen years later, when the crape myrtle tree suddenly died, I speculated that it had lost its roots in the tunnel.

During our remodel, the workmen assumed we would want to put a smooth, modern layer of cement and paint on all the walls: "We can chip off the old, uneven whitewash. We'll put cement into the fissure, around the new windows, and to cover the pipes. You can use paint on the new cement, and you won't have to whitewash every spring after the winter rains. Paint will last seven years."

"No way," Victor insisted, "I want the history of what I've done to be decipherable. And I want all the phyllo dough layers of whitewash for insulation. Put your hand on this wall. See how cool the whitewash stays even in the hot sun. Now go touch a house with paint on it—I'll show you—you can feel it; it's hot. Paint absorbs the heat of the sun."

And so, the Casa Alta is still whitewash white. The careful observer can see not only where the electric wires and water pipes have been placed but also the faint traces of the staircase we removed on the wall of the loggia, and note everywhere the change in texture of new cement from the old, layered whitewash. It took two tons of whitewash to do all the walls inside and out, and every year a clean layer of white is needed to freshen parts of the exterior walls.

We transformed the interior with modern interventions but not the facade. Andalusian town houses have always been packed together with no front or side yards. A central courtyard allows for light, ventilation, and a private outdoor space. Our house was typical in that the center of the facade was pierced by a front door, which led through a vestibule to the courtyard.

The openness of this doorway was a problem for us. We were outsiders in a town that wasn't accustomed to outsiders. Victor's mother, who was from Seville (just an hour's drive away), was regarded as so foreign that when she walked down the street wearing slacks, the children danced around her saying "Look, look, a woman dressed like a man."

Victor was constantly out and about in town, joining the men for a beer and a glass of the little local snails, or tracking down Zarzuela (our bricklayer), or talking to the carpenter about modifying a table. Catalina also went out, dressed appropriately, every morning to market for bread or produce and every evening to attend mass. They were soon accepted, having learned quickly to fit in, but they wanted their home life and the unusual changes we were making inside the house to be free from gossipy scrutiny.

I was intimidated, however, because I didn't understand and adapt to local rules as easily, and often seemed to make embarrassing blunders—dropping a notepad into a box on the floor of a shop instead of quietly setting it down, or sitting slouched in a chair. Victor often corrected my Americanisms, which he felt reflected poorly on him. I had lived in several other countries as a foreigner but never as the wife of a native. I came to understand why residents in homogeneous small towns put such importance on privacy.

So we all wanted more privacy. Off to the side of the facade, we found evidence of a closed-off doorway, which would have been the original entrance, an Islamic elbow entry. Access to a traditional Moorish house was controlled by a sharp turn just inside the small front door. It was only when the Christian reconquest brought the influence of the Italian Renaissance houses to Andalusia that many homes were built more open to the street, with central front doors that allowed for a view, through an iron grill, into the main courtyard.

Victor reinstated the Moorish elbow entry and even added a short flight of steps before the turn. He retained the larger central door only for occasional vehicle use. Thus, an unremarkable facade conceals the transformation within. However, the benefit of the controlled access is not just greater privacy, it initiates a sense of discovery, which continues throughout the house: a choreographed progression through a complex labyrinth of alternating dark and light, small and large spaces.

We started looking for furniture at a

bankrupt agricultural equipment factory. It fit our budget. The warehouse seemed abandoned, but eventually a guard limped out to meet us. The huge nave was dusty and quite empty.

"There's not much left," the guard said. "The desks are 100 pesetas ($1) a drawer, the chairs 100 pesetas each."

Victor was like a boy on a seashell-strewn beach.

"These wooden desks are incredible. I could cut off two of the drawers and paint it white for the kitchen. And this little desk for my mother's room. That huge drawing board could be a dining table. Maybe I can use these lattices as legs."

I found a jumble of wooden foundry molds. "Look at this wooden grate. It could be a top for a coffee table."

Victor was accumulating a pile of strange shapes: "This must be for a duct or pipe. I could use it in a sculpture—or a lamp."

"What are you going to do with those round lids, or whatever they are?"

"They're incredible—mahogany. Put them together like this and add a glass globe. It'll make a fantastic lamp. And those red wedges, they're an interesting shape. Maybe for a sculpture. And look at this standing file for letters."

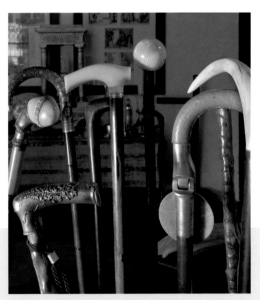

"File letters in that? It looks more like a weather vane."

"Don't you see how beautiful it is? Look at the proportions of the iron base. It's too good to pass up."

"O.K. Those wire wastebaskets are nice, but what will we do with eight desks?"

"Don't worry, I'll use some as workbenches in the shop. This big cabinet can hold our dishes."

When a truck delivered the load of dusty old desks, office chairs, and foundry molds, it was no wonder the neighbors asked what kind of a business we were starting.

Another windfall was the closure of the grand old Hotel Christina in Seville: thick wood kitchen counters; vintage sinks, tubs, and bidets; heavy brass faucets; and kitchen tables with turned legs. Victor redesigned a pair of the hotel's easy chairs and upholstered them using the reverse side of some surplus denim fragments.

Victor believed that it was better to have no furniture than ugly furniture. So when we moved into the house, it was empty except for the redesigned factory and hotel furniture. We didn't even have a railing on the staircase along the wall of the great room. The simplicity of the diagonal zigzag was too beautiful to disrupt with a conventional railing. We terrified acrophobic visitors for two years before José Ramón finally designed a cagelike grid of large squares, which made the staircase safer for adults, though not for small children.

I fell in love with the primitivism of the empty house—a white towel hanging from a nail over the sink, the leatherlike texture of the worn brick floors made shiny with red wax. I was fascinated by the way white paint united the shape of objects, smoothing but not erasing their textures, scars, and imperfections, much as the villagers would use whitewash to integrate a stone outcrop into a wall. The monastic simplicity inspired our friend Peter to refer to his bedroom as his "cell."

The whole house was becoming a large white assemblage. We put white blinds on the windows, and a huge white canvas awning over the courtyard. Victor bought a large set of remaindered white earthenware dishes. The minimalism of white challenged me. I devised all white meals: white gazpacho (made of ground almonds and garlic), cauliflower with garlic, white rice, fillet of sole or hake in white sauce with white onions, white bread, goat cheese, meringues, yogurt. It continued with white napkins and white sheets and bedspreads.

White marble was an obvious next step for our white house. For the price of a truck rental, Victor was given a set of broken Roman columns from a garden under renovation. He set them in the corners of the loggia. A cracked cornice became a step for the lemon tree pool. One day, Victor came home with four thick, broken oval slabs from a salvage store. They had been work counters in a butcher shop, he said, showing me the borders carved to retain juices from the meat. He eventually fitted them with a variety of marble or iron legs for tables in the kitchen, loggia, pergola, and roof terrace. Fragments of marble moldings and flooring were assembled into various benches and into a backsplash for the kitchen sink and counters. He found a marble Roman head, but also learned how to put a faux marble finish on plaster heads.

The Mancera marble shield was intact when Victor found it at the Bermondsey market in London. It was too heavy to carry, but his mother's mother had been a Mancera and he couldn't pass it up. The taxi driver helped bring it up to his hotel room, but he was flying out the next day and it was too late to ship it. Deciding it was better to break it than abandon it, he pushed it off the table. The thud and shudder brought a call from the front desk.

"No, no. Don't worry, nothing's wrong. Nothing's broken. Just a marble shield that slipped off the table."

Next, he bought a sledgehammer, and wrapped the shield in a blanket to muffle the sound. Luckily, the stone broke into just three pieces, one for each of his two large suitcases and his carry-on. His luggage was very overweight, but at that time it was still possible to sweet-talk airline agents. He left the sledgehammer in the hotel closet.

While I was delighting in the simple austerity of our house, imagining that I was an American pioneer woman sewing used fragments of fabric into patchwork quilts, Victor was dreaming of old castles filled with paintings and tapestries. He saw the house as a blank canvas to be embellished. He started collecting abstract paintings by friends and contemporaries from Seville, including Ignacio Tovar, Gerardo Delgado, Curro González, and José Ramón. Our friend Pepe Soto gave us the last of his hard-edge paintings, black above and almost black, aubergine green below separated by thin red, white, and orange lines. Its darkness contrasted with all the shades of whiteness in the house. One day, Victor came across our carpenter, Zarzuela, holding his hammer behind his back, contemplating the painting.

"Don Victor, what does it mean?"

"Oh Zarzuela, how can I explain. It's a language. He's talking about other art."

Zarzuela pondered a few minutes more. "So," he gave a quick shrug, "the guy who has it, understands it."

Pepe was delighted, "That's the best commentary I've had about my work. From now on, that's the title of the painting."

Instead of tapestries, Victor hung old oriental rugs on the walls—Caucasians, Kazaks, and Gendjes, bought at San Francisco flea markets and garage sales. Victor loved to tell of buying the Senna kilim.

"I found this at the Marin flea market under a display of greasy carburetors. I couldn't believe it." He pointed to a burn, "The guy was dropping his cigarette butts on it. He told me it wasn't for sale. But he let me have it for ten dollars after I bought him another old blanket for his auto parts."

Then Victor would explain that a Persian rug expert told him, "Ten thousand dollars to restore it. It's so fine that only little girls had fingers small enough to weave it. Nowadays, the repair has to be done with tweezers."

In the 1990s, when Spain's economic boom led to remodeling of many old houses, people started to get rid of the multicolored glazed tiles that since the time of the Moors had protected the ground-floor walls of Seville's houses from the moisture of the winter ground. Victor became an expert at identifying the different styles and periods, and taught me the differences. One day, I was walking on one of the narrow old streets of Seville and spied eight old tiles in a wheelbarrow. When I stopped to examine them, a man approached and asked if I wanted to buy them. "No," I said. But he insisted, so I asked him how much they would cost. He wanted me to make an offer, but I deferred saying he would be insulted by how little I would propose. Finally, I said I couldn't pay more than five euros each, knowing that they sold for ten times as much in a shop. He remarked, "But these are eighteenth-century tiles, worth much more." I told him they were nineteenth-century and started to walk away. Then, he agreed to sell them all for fifty euros. When I realized that I couldn't carry the thick tiles back to the house, he offered to wheel them for me. As we neared the house, we ran into Victor.

"Look what I bought," I told Victor.

"Miguel," Victor said, "How much did you charge my wife?"

"One hundred euros, I figured she must be your wife when she told me where we were going. She's a tough bargainer."

I was proud of my accidental purchase from one of the scavengers Victor knew from the flea market.

The furnishings of the house were all collections, things removed from their original functions: desks became tables, fragments of Roman columns became steps, rugs became wall hangings, a grate became a table top for displaying silver-handled canes and ivory billiard balls for an unknown game. There were collections of glass goblets—some Venetian, others Victor received as payment in kind for lectures he gave on glass in architecture. The collections weren't just objects, they were props in Victor's performance of telling their stories.

The house of an architect is never finished. The elaborate bronze fittings for a canopy bed are still waiting on a shelf. The turned posts and assorted wooden pieces are waiting by the front door.

Our paradise needed a garden, but this

was dependent on finding a house for Juan and his wife. It took us ten years to figure out what they didn't want: a new apartment or a villa on the edge of town. Finally, we found what they did want, a modest old house located on the central plaza. We bought it and exchanged it for the rest of our house.

We now had a barren, 1,600-square-foot cement trapezoid (nothing was square in the house). Victor and I had been dreaming separately about our garden. I am a gardener, happiest when smelling the earthy richness of my compost, especially if it has citrus overtones from not yet fully decomposed orange rinds. I spend hours getting to know my plants, watching for where the first flower buds appear, washing mealy bugs off the lemon and scale off the kumquat with a strong spray of water. I notice if the lemon verbena is becoming spindly from too little sun, and decide to prune the hibiscus, which is becoming too crowded. I delay pruning a branch of magnolia until its blossoms are about to open and I can put them in a vase. I believe that plants, like humans, thrive when their needs are being met. And if they are sickly, it usually means they are in the wrong ecosystem.

I liked the gardens I had known in Ohio and California. I learned that their informal aesthetic (of curved paths, mixed flower borders, and rolling lawns) derived from the landscape gardens popularized in the benign, rainy countryside of nineteenth-century England. I came to realize that these gardens cannot flourish in the often ruthless Andalusian sun.

Victor didn't share my American prejudice against formal gardens: carefully pruned hedges, straight paths, symmetrical flower beds. I told him he tyrannized plants, treating them like bricks. He wanted an Islamic-Andalusian garden.

Luckily, I had ten years to learn about the ecologic wisdom of the Andalusian garden. Ancient Egyptian tomb drawings depict a central tank supplying water for a grid of trees and other plants surrounded by tall walls for protection. This created a refreshing microclimate for both plants and people that was just as welcome during the rainless Andalusian summer as in the sweltering deserts where these gardens originated. I agreed to adapt the Andalusian garden to our contemporary lifestyle.

We started with the Islamic viewing pavilion. Because the town is on a hill slope, our new back wing was five feet lower than the courtyard, and the garden six feet below that. Victor designed a pergola-covered terrace built out from our lower living room and kitchen. This functions as a modern version of the traditional Muslim transition between house and garden, and because of the change in levels, it also works as a viewing pavilion (known as a *talar* to the Persians) with the garden laid out below like a Persian carpet.

Next, we wanted a rectangular decorative pond long enough to swim laps. Rather than sacrifice ten precious feet of length, Victor's solution was to let the terrace cover the end of the pool. This created a cavelike refuge from the midday sun, a place for siestas. The entire length of the pool is only chest deep—like a Moorish bath according to Victor's cousin Jose Maria. We often served tapas on the ledges of the cave to guests floating their stemmed sherry glasses in the cool water. Once, we delighted the ten-year-old daughter of friends by floating her lighted birthday cake into the cave on a kickboard.

The Andalusian aesthetic demanded that our garden be quadripartite, a tradition that goes back to the Garden of Eden. Genesis tells us: "And a river went out of Eden to water the garden; and from there it was parted, and became four heads." Buddhist iconography also has four rivers branching from a common source. The ancient Persians believed that a cross divided the universe into four quarters with the spring of life at its center. This evolved into the Islamic quadripartite garden with a fountain in the center.

Our four-part garden isn't really symmetrical and actually has not four but ten planting beds. Defying convention, each of the four central beds is very different in size and each has a different tree. The narrow peripheral beds have a variety of trees, shrubs, and vines. We unified this diversity with low myrtle hedges the same height as the border of the pool.

A paradise garden is a place of tranquility and sensual delight. Of the five senses, smell is the most seductive; it connects directly to the emotional brain, and traditionally has been a central focus of a pleasure garden. I planted five different varieties of fragrant jasmine. A traditional Spanish jasmine covers the shaded north-facing wall next to the pergola, where its white blossoms open and release their legendary fragrance at night. Victor collected a handful for his mother each evening for her night table. A sambac jasmine at the end of the pool beguiles swimmers that are resting after exercise. My friend Lucille Tenazas explained to me that this is the national flower of the Philippines, where its double flowers are used to make leis. The angel wing jasmine's blossoms are most fragrant in the morning, so I planted it outside the kitchen window to enjoy the sweet perfume of its pinwheel blossoms with my morning toast. Other fragrant flowers that we planted are *Stephanotis* (customary in bridal bouquets), angel's trumpets (*Brugmansia candida*), snail vine (fascinating curlicue blooms), passionflower (especially *Passiflora quadrangularis* with its clove-scented blooms), cup of gold vine (*Solandra maxima* with a tropical, perhaps banana, scent), *Osmanthus* (an elusive aroma used in Chinese sweets), and all the citrus blossoms.

For the sense of touch, the garden offers aromatic plants that release their scent only when caressed: myrtle, mint, rosemary, lemon verbena, *Tagetes*, and pennyroyal.

The murmur of water is the most seductive sound in a garden, and the splashing of water is the happiest. It is strange that the dripping of a leaky faucet grates on the nerves, whereas a fountain soothes them. The sound of water even makes us feel cooler on a hot day. For years, Victor searched for a shallow fountain to focus the center of the garden. One day, a friend called to tell him that a villa and its garden were being demolished in Granada. Victor left fifteen minutes later and returned that evening with a marble basin. After the addition of an old bronze nozzle, it looked as if it had been at the juncture of the four paths for centuries. He also found a Moorish marble lion head, which spouts water onto a shallow tank with papyrus under the stairs.

We didn't neglect the sense of taste. We planted fruit trees: traditional Mediterraneans, such as pomegranates, oranges, lemons, and olives, as well as introductions, such as kumquats, feijoas, and *Carissas*.

The idea of turning an entire walled courtyard

into a pool was Victor's, but it wasn't original. As Victor used to quote, "The secret to originality is remembering what you see and forgetting where you saw it." Or, he would quote T. S. Eliot, "Minor poets borrow, major poets steal."

Because he had no illusions about his own originality, he delighted in reusing old objects, turning them into sculptures, furniture, or montages of any sort. He was fascinated equally by the results of human artistic and scientific creativity, as well as by the inventiveness of the natural world. He collected crucifixes and watches, antique flutes and netsuke, quartz crystals and model boats, architectural instruments and false teeth, English porcelain and petrified wood, modern blown glass and African masks, and much more. He bought them in flea markets, garage sales, and salvage shops. Often these objects were orphans, separated from those who had once cared for them. It was almost as if he were rescuing them from people who didn't value or respect them.

He collected ideas as well as objects, and one of the ideas was the lemon tree pool. There is a pool in the Renaissance garden of the Bornos castle that is almost enclosed. It has walls on two sides and iron grills on the other two sides. It looks awful, always full of refuse and algae. This source of inspiration is unpredictable, even improbable.

In the initial remodel, Victor had made a loggia by removing the walls of the room between the two catercornered courtyards and had planted the lemon tree in the small side courtyard. So the lemon tree was already there ten years later, when he decided to turn the courtyard into a pool.

I have to admit that I initially opposed it.

"What a shame to lose a good tree."

"Don't worry. You won't."

"It's a useless waste of space." I had learned from my mother that women were meant to be practical.

"You'll be amazed when it's done."

I was, amazed. The result was magical: the simplicity of the four white walls, the water just deep enough to tint the white pool a pale turquoise blue, a submerged Roman cornice recycled as a comfortable step, and the deep green lemon leaves seemingly suspended in space because the dark trunk was whitewashed in the traditional manner to prevent the tree from overheating.

Catalina liked to sit in the loggia next to the pool in the afternoon to read. I would immerse myself in the tree on a ladder for hours with the excuse that I was pruning and ridding it of pests, but mostly it was for the pleasure of enjoying the space.

It was the preferred place for a group of friends to have lunch after tapas in the garden cave. We called it our summer dining room. I think one of Victor's inspirations for serving lunch on the border around the lemon tree was the dining table at the Villa Lante in Italy where the guests could cool their hands in water that ran in a channel down a long stone table.

The Casa Alta has been described as a sanctuary and a labyrinth. It has been suggested that the great variety of spaces in the house, each with a different mood, is metaphor for the complexity of Victor's personality. It is an extraordinarily personal house where nothing is new and everything old is reinterpreted.

The story of the Casa Alta is unfinished—much of

its past still hidden, its future uncertain, and many of the stories of our sojourn in it gone with Victor when he died. These untold stories embellish the house with a vague air of mystery, which entices us to explore and linger, much as the deep shade produced by the brilliant Andalusian sun invites us to pause, readjust our eyesight, and discover the dark sensual world of shadow.

A heavenly paradise may be pure bliss, but the secret to this earthly paradise is in the contradiction between light and shadow, peace and restlessness, simplicity and opulence, tradition and innovation, learning and playfulness. It is a complex wonderland rich with contrasts: from the dark elbow entrance to the bright courtyard, through a narrow passage to the pergola and walled garden, up a narrow staircase to the great room, through a dark library and more narrow stairs to the surprising expansive view from the roof terrace. The disorientation induced by its labyrinthine progression around the courtyard and up and down five flights of stairs is offset by tantalizing hints glimpsed through small windows and unexpected openings. This is not a labyrinth leading to a single goal; the circumnavigation, with all its enticing diversions, prolongs the pleasure of discovery.

Rather than static stones and brick, the constantly evolving collections, ephemeral plants, and furniture enliven this world. They combine the phosphorescent trail of past creation with the marvel of new compositions waiting to be displayed and explained. Indeed, the entire house can be seen as a unique and ever-changing assemblage. Many of its previous lives remain a secret only hinted at by the irregularities disappearing under the layers of whitewash we have added. The fragmentary traces of these previous lives have been animated into a new design, which incorporates the mysteries of all the objects Victor collected and assembles them into a creation that evolved with us.

The collections are brought to life by the magic of things—or is it the tyranny of things. Only as a side effect, they embody a sustainable culture, reusing the most valued artifacts of past cultures; just as old Roman columns and capitals enhanced the Christian churches of Visigothic Spain before supporting the horseshoe arches of the Great Mosque of Córdoba. Here, a fragment of a Roman column laid on its side becomes a step in our lemon tree pool. Eighteenth-century tiles, designed to be set in panels of interlocked patterns, are now set in discontinuous arrangements.

Objects evoke memories; they carry stories that sustain us. Victor didn't reuse old things in order to save the planet but because the effort of collecting and reassembling them sustained him, because he loved learning as much as he could about them and handling them and enjoying them and turning them into new and interesting collages. He collected things that spoke to him and then used them to tell new stories, superimposed on the hidden secrets of their earlier stories.

The collections were more than props, they were a well of inspiration. Victor would say that if you found yourself attracted by some object or artifact and you asked yourself, "Do I need it? Where will I put it? Can I afford it?" then you aren't a collector. The diversity and erudition of his collections animated every aspect of his creation.

I was both entranced and exasperated. Although I often complained about the tyranny of things, I remained as irresistibly attracted to them as I was the day I met Victor. The huge truck tire inner tubes and car bumper sculptures of his Seville apartment were replaced by myriad collections: gilt silverware, Piranesi prints, Indonesian ikats, Roman mosaics, telescopes, cameras, antlers, luminescent Venetian glass, fine porcelain dishes, Caucasian rugs, silver boxes, ivory billiard balls, croquet sets, and so much more—it could have paralyzed me if it hadn't seduced and energized me.

It's the peaceful hour between day and night.

I pour myself a glass of manzanilla sherry, and look over the garden from the pergola. The hedges have developed bare spaces in the year since Victor died; do they know that I rebelled against their controlled geometry? I inhale the spicy fragrance emanating from the long tendrils of an imperial passionflower. Its intense clovelike scent brings back the evening Victor called me down from the kitchen, "Come quick." And when I rushed down, the aromatic beauty of this flower was the emergency he needed to share with me.

I set the flower on a large glass plate. I want to call Victor, "Come back and see how the shiny red-orange glass complements the downy purple tendrils and the fleshy cinnamon-red petals."

The daylight fades, but white blooms of the jasmine glow in the moonlight.

Victor found himself in a harsh and cruel world, often seemingly bent on destroying itself. He couldn't control the world, but he could devote all his energy to the creation of this space full of delight and beauty.

After Victor died, a student I had never met wrote me, "After showing slides of his house in Spain, Victor told the class, 'When I die, I don't want to go to heaven, I want to go to my home.'" The student added, "I hope he is there right now."

Victor would quote Ibn-Khayyam, a poet during the splendor of the caliphate of Córdoba.

"There is no garden of paradise except in your own home.

Do not think that tomorrow you will enter the eternal fire;

You do not enter hell after having lived in heaven."

Roof terrace in Bornos

In memoriam Victor Carrasco

The rooftops, the tower, the castle, the shore
with cows and horses, eucalyptus and rushes.
The pale blue lake and finally the silvery reflections
of the mountains' rocky peaks.
My eyes search for minute details,
Villamartin distant, Puertollano farther,
and closer in, farmhouses and an occasional old tower,
all enveloped in the gold of approaching nightfall.
You offered me this view which gladdened your days.
I will never see it again, because it died with you.

Jacobo Cortines
Bornos-Sevilla, 2003–6
For Libby, with all my heart

Azotea en Bornos

En memoria de Victor Carrasco

Los tejados, la torre, el castillo, la orilla
con vacas y caballos, eucaliptos y juncos.
El pantano celeste y al final la montaña
de cumbres pedregosas con reflejos de plata.
Alcanzan los confines los ojos deseosos:
Villamartín al fondo, Puertollano lo lejos,
y más cerca cortijos y alguna torre vieja,
todo envuelta en el oro de la tarde que cae.
Me ofreciste esta vista que alegraba tus días.
No la veré ya nunca, pues ha muerto contigo.

Para Libby, con todo mi cariño

El paraíso en un jardín privado

VICTOR CARRASCO

Quiero hablar de un edificio –mi propia casa en el Sur de España– cuyo diseño encerraba un propósito bien definido; o mejor sería decir su re-diseño puesto que, originariamente, fue una torre defensiva musulmana del siglo XII que formaba parte de la fortificación de la ciudad. En las tierras del interior del Sur de España, durante los meses de verano, que es cuando vivo allí, las temperaturas, a media tarde, llegan a alcanzar los 43–46° C. El Sur de España es todo un palimpsesto, una superposición de culturas sobre culturas. Los romanos estuvieron allí durante 400 años, los visigodos durante 200 y los árabes 800. El Islam invadió la península ibérica en el año 711 y allí permaneció hasta ser expulsado de la Alhambra de Granada por Isabel y Fernando en 1492.

El Islam dejó una huella indeleble en la cultura y arquitectura españolas. La Alhambra de Granada, uno de los edificios más sensuales de la historia de la arquitectura, la Mezquita de Córdoba, posiblemente lo más cerca que ha estado el hombre de representar el Infinito, a Dios, a través de materiales sólidos; el palacio de Medina Azahara, a las afueras de Córdoba, y tantos otros. Pero quizás uno de los legados más valiosos que nos ha dejado el Islam, sea el haber añadido el jardín privado –por pequeño que éste sea– a una forma refinada

de vivir. Cuando quiero escapar de ese desierto de sensualidad que es América, encuentro solaz refugiándome en un remoto pueblecito del sur de España.

La palabra paraíso deriva del Latín *paradises*, que viene del griego *paradeisos*, que deriva a su vez del avesta, una antigua lengua persa, antecesora de la *pairidaeza* en farsi, que significa recinto enclaustrado y que más tarde se usó para designar jardines privados enclaustrados. Con el tiempo, el término *pairidaeza* acabó por designar, no sólo al jardín persa, sino también a la dicha suprema del Jardín del Edén.

Recuerden que el Corán prometía a los verdaderos creyentes, tras su muerte, un paraíso terrenal para toda la eternidad. Pero el Corán, en un clima insoportablemente caluroso, el paraíso sería la dilatada sombra de unos árboles que florecen y dan fruto todo el año: granadas, sabrosos melocotones, el azahar embriagador de los naranjos y limoneros, los jazmines, las rosas…Todo ello acompañado por el canto de los pájaros y el rumor del agua que corre en las fuentes. Pabellones frescos y umbríos donde se adentran los estanques.

El Corán, además de las flores, las fuentes y los pájaros, le ofrecía al creyente solícitas huríes: doncellas con brazaletes de oro y ajorcas, con brocados y sedas que apenas cubren sus cuerpos jóvenes y hermosos. Para aquellos que alcancen la gloria, dice el Corán, el Jardín del Paraíso será su morada para toda la eternidad y nunca desearán abandonarlo. Citaré para terminar a un poeta de Córdoba, cuya descripción del jardín andaluz dejó una huella tan

deslumbrante en mi memoria, que creo que influyó en el diseño de mi casa más que cualquier otra cosa. *"No creáis en el jardín del Paraíso, excepto en el que seáis capaces de crear en el interior de vuestra propia casa. Tampoco en el fuego eterno, porque ¿como es posible ir al infierno después de haber vivido en el paraíso?"*

Yo, cuando muera, no quiero ir al cielo, quiero ir a mi casa.

La Casa Alta de Bornos

ANTONIO ORTIZ

Lo construido permanece siempre más allá de los usos sociales que están en su origen y en consecuencia, debe sufrir cambios y alteraciones para adaptarse a las nuevas necesidades o deseos de la sociedad. Ello hace que la restauración, la rehabilitación, sean fenómenos consustanciales a la arquitectura y reflejos de un aspecto—su especial relación con el tiempo—que la distingue con nitidez de las otras artes plásticas o visuales. Y dentro de ese contexto general, la arquitectura andaluza seria paradigmática porque los intensos cambios culturales que ha sufrido la región, han generado auténticos malabarismos en el esfuerzo por adaptar los edificios a las nuevas situaciones. No ya es que sea frecuente –como en tantos otros lugares– que los templos se inicien con formas góticas, se continúen durante el renacimiento y sus torres se completen ya en el barroco, sino que se dan además transformaciones mucho más profundas, como templos

visigóticos incluidos en mezquitas transformadas posteriormente en catedrales renacentistas o barrocas, minaretes musulmanes coronados por campanarios cristianos o bien, a niveles más modestos pero sintomáticos de lo cotidiano del fenómeno, baños árabes usados como restaurantes.

Esa misma continuidad a lo largo del tiempo, con la modestia que el salto de escala y el propósito exige, se detecta cuando nos referimos a la casa que es objeto de este libro: un antiguo paño de muralla musulmán integrado posteriormente en la casa de un prócer local, subdividida después en mínimas viviendas, adquirida finalmente en estado semirruinoso por una pareja –Víctor y Elisabeth, residentes en San Francisco– para usarla como residencia de verano, primero adaptándola a sus necesidades y ampliándola posteriormente en un solar vecino vacío.

La primera intervención se limitó fundamentalmente a la recuperación de los tamaños originales de las piezas al demoler las sucesivas subdivisiones que la casa había sufrido y una restauración cuidadosa pero mínima de los paramentos, amén de la inclusión de una nueva escalera que a pesar de la modestia de sus proporciones, no renuncia a generar una cierta riqueza espacial al ir desplazando progresivamente sus tramos.

Si en esta primera intervención, la arquitectura vernácula andaluza con sus gruesos muros encalados y sus patios demostraba ya las virtudes que permitían su permanencia, es en el momento de la ampliación donde se manifiesta con mayor claridad la

condición de continuidad descrita, de la que Víctor Carrasco era plenamente consciente. A través de la ampliación, se prolonga la sucesión de espacios abiertos, pérgolas y patios (es obligado el singularizar entre ellos el mínimo pero tan eficaz patio del estanque y el limonero) que acompañan el descenso hasta el pequeño jardín con su estanque. No se percibe ningún contraste, ninguna yuxtaposición en la unión de ambos momentos de la casa, ninguna narración que nos permita reconocer el proceso. La casa simplemente se extiende, utilizando los mismos mecanismos que la habían hecho evolucionar durante los siglos anteriores. Y ello, en este caso, no implicaba una mera adhesión estilística, sino el reconocimiento de los valores de lo existente, de la utilidad de los mismos mecanismos: el muro, lo blanco, los patios, lo secreto de los espacios y el valor de la secuencia y el hallazgo. Y también, por qué no decirlo, la consciencia de que la arquitectura popular andaluza, en su despojamiento y esencialidad, alcanza valores próximos a lo abstracto que sintonizan bien con sensibilidades más actuales.

Este sentido de continuidad, este hallarse cómodo dentro de la aceptación de lo ya existente y su incorporación y su transformación sin prejuicios, es lo que tiene de especial esta casa y lo que hace que quien la visita reconozca o al menos experimente que varias épocas, culturas sucesivas e incluso antagónicas, han venido a confluir en ella con total naturalidad.

Pero no sería exacto hablar solo de la arquitectura de la casa: Una

casa es más que sus muros y sus espacios. Javier Sáenz de Oiza, maestro de tantos arquitectos españoles, afirmaba que las buenas casas eran aquellas en que los muebles habían entrado de uno en uno. Y eso se da a lo largo y a lo ancho de toda la casa, en cada mueble y en cada objeto. Cada uno de ellos tiene su historia, su procedencia distinta y en muchos casos una anécdota ligada al momento de su adquisición. Y si hablábamos de reutilización y continuidad en la arquitectura, aún más se podría decir referido al mobiliario. Víctor era un maestro en encontrar inesperadas reutilizaciones a todo aquel objeto que llamara su atención: mostradores de mármol de carnicería transformados en mesas al apoyarse sobre dos basas de columna, postes de procedencia desconocida convertidos en cabeceros de cama, tableros de dibujo utilizados como mesa, alfombras como tapices, tapices como alfombras, cuadros y dibujos antiguos y modernos, de artistas amigos o de absolutos desconocidos, colecciones de objetos adquiridos en los más diversos lugares y de muy distinta procedencia, españoles y americanos, ingleses o italianos, asiáticos o africanos. Si "una casa como yo" era el afortunado título de una monografía sobre la casa de Curzio Malaparte en Capri, la casa a la que nos estamos refiriendo no podía retratar con mayor exactitud a su ocupante.

Y tanto es así que, al escribir sobre la casa, siento que es tanto como escribir sobre el amigo que ya no está y que al hacerlo, le estoy rindiendo un tributo y un homenaje muy personal.

Victor Carrasco, bodegonero espléndido

JOHN A. LOOMIS

El bodegón, como se llama en España a la naturaleza muerta, es un género pictórico sobre el cual han plasmado su labor creativa artistas desde Zurbarán a Picasso, a ·Víctor Carrasco. Sin embargo, en el caso de Carrasco, el bodegón no se circunscribe al marco de la pintura. Componía y fusionaba el arte y la arqui- tectura en los dos espacios que enmarcaron su vida: la Casa Alta cerca de Sevilla en España, y su casa de Greystone Terrace en San Francisco. Eran el versátil campo de operaciones de su creatividad.

Nature morte, Stilleben, still life, y bodegón…son las palabras en francés, alemán, inglés y español, que designan ese género pictórico donde los objetos ·frutas, verduras, despojos animales, pan, loza, cristal, relojes, calaveras y toda clase de objetos inertes· son cuidadosamente dispuestos entre los cuatro flancos del lienzo. La palabra española "bodegón," se distingue de sus homólogas por dos razones. En primer lugar por haber sido la primera en utilizarse, hacia finales de siglo XVI o incluso antes, mientras que en los otros países no se crearon nombres para este género hasta mediados del diecisiete. Y en segundo porque "bodegón," a diferencia de los demás términos, designa, no un estado de reposo sino un…lugar. El bodegón (literalmente, "gran bodega") era donde se almacenaban, principalmente, la comida y el vino; o sea, una despensa, una bodega, un almacén.

En el elenco europeo de las naturalezas muertas el bodegón destaca, no sólo por la singularidad de su nombre sino por su españolidad. El renombrado historiador español, Alfonso Pérez Sánchez, afirma: "Sin duda la naturaleza muerta española (.) tiene personalidad bien singular y responde a una concepción en cierto modo distinta de lo italiano, flamenco, holandés o francés contemporáneo. Una sensibilidad humilde y grave, profunda e impregnada de un sentimiento casi religioso, que ordena los objetos con valor de trascendencia, es lo que hay de nuevo y personal en los primeros artistas españoles de este género."[1]

Existió inicialmente cierta controversia acerca de este género en la España conservadora. Los detractores del bodegón pensaban que copiar la naturaleza no resultaba tarea tan noble como representar la historia y se consideraba una ocupación sospechosa propia de artesanos, no de artistas. Pero este género consiguió alcanzar en poco tiempo una muy digna posición, dotada de una función contemplativa y piadosa. Se transformó en un campo donde la yuxtaposición de los elementos de la naturaleza, dentro de un marco compositivo ordenado geométricamente, invitaba a reflexionar sobre la fugacidad de la vida terrena. Es más, el bodegón fue un campo de expresión e investigación, tan fértil como imperecedero, para artistas desde Zurbarán a Picasso, a…Víctor Carrasco.

Los bodegones de Víctor Carrasco no se circunscriben al ámbito de la pintura. Fiel a las raíces de la tradición española son, no figurativa sino literalmente, lugares. Los bodegones de Carrasco son la fusión del arte y la arquitectura en el tejido de su vida. Vieron la luz en el contexto de dos espacios físicos: la Casa Alta, en las proximidades de Sevilla en España, y su casa de Greystone Terrace en San Francisco. Cada residencia es un bodegón lleno de bodegones que a su vez contienen bodegones llenos de bodegones. Las obras son el fruto de la curiosidad de Carrasco por cada objeto, de sus estrictas normas de composición y de su pasión por las proporciones que aplicaba a múltiples escales. Pero, a diferencia del bodegón en pintura, los bodegones de Carrasco no son obras inertes, congeladas en el tiempo y el espacio; al contrario, son susceptibles de una interminable recombinación y recomposición. Tienen una vida propia que invita al espectador a entrar en ellas y conectar. Y sin embargo, lo mismo que los bodegones en pintura, invitan a la contemplación.

Víctor Carrasco fue un maestro bodegonista en la más pura tradición española, que fue más allá de la tradición para crear espacios, recintos, y una vida que invita a reflexionar sobre el verdadero sentido de la vida.

[1] Alfonso Pérez Sánchez, citado en "Bodegones," Francisco Calvo Serraller, en *Pintura Española desde El Greco a Picasso, Tiempo, Verdad e Historia*, ed. Gimenéz y Calvo Serraller (New York: Museo Guggenheim, 2006), 59.

Buscando los crucifijos

ELIZABETH MCMILLAN

Escucho el kikirikí de los gallos y me pregunto cuántos años faltan antes de que no quede ninguno en Bornos para anunciar el alba.

El Progreso probablemente se los lleve. Como me robó los tejados inclinados con sus formas y texturas casi abstractas que siempre planeé fotografiar. La pared blanca al fondo del patio tiene el oscuro resplandor azul de la inminente luz del día. La exuberante buganvilla rosa naranja no es más que una silueta negra. Los vencejos detienen su vuelo para suspenderse en el aire brevemente sobre una de las gárgolas; quizás tengan un nido escondido dentro.

La brisa fresca que entra por la ventana de la cocina me hace tiritar a pesar de mi albornoz de algodón. Bebo a sorbos mi café. En el nido del campanario las cigüeñas han empezado a castañear sus picos. Sale el sol como un disco blanco velado por la bruma, pero pronto la atravesará ardiendo y tendré que empezar mi batalla diaria contra el calor. El ruidoso staccato de una motocicleta atraviesa las sólidas puertas de la casa. Espero que el progreso le traiga silenciadores a las motos.

Todo parece recordarme la cantidad de cosas que han cambiado desde que Víctor y yo compramos esta casa hace veintiocho años. La puerta de madera tachonada al otro lado del patio parece que lleva ahí

siglos, pero en realidad vino de un derribo hace veinte años. Esa puerta, siempre cerrada, esconde el dormitorio de mi suegra. Tuve que padecer el calor del verano andaluz durante muchos años, para comprender por qué escogió aquel cuarto oscuro y austero. Es el espacio más fresco y reservado de toda la casa.

Ya no es su dormitorio. Pero no porque muriera, aunque sí que murió, hace tres años. Víctor estaba tan desconsolado que no quería que nadie usara su dormitorio. Decidió transformar el cuarto para que ya no fuera suyo. Descolgaría su sencilla cruz y taparía las paredes blancas con azulejos multicolores.

Durante años, Víctor había rastreado "el jueves" de Sevilla, comprando los recargados azulejos que desde tiempos de los moros en la Alhambra, decoraban las paredes de las casas y palacios de Andalucía. Había acumulado gran cantidad de diferentes partidas de azulejos de principios del siglo XX, con dibujos descabalados pero todos policromados en los cuatro colores tradicionales. El desafío fue ordenarlos, y después combinarlos, hasta conseguir una composición satisfactoria para cada pared. El proceso fue tan complicado que el albañil casi tira la toalla: "No puedo dormir de noche con todos esos azulejos bailando en mi cabeza," protestaba.

Aunque los azulejos están combinados formando una composición moderna, conservan el aire suntuoso de los azulejos antiguos. Cuando nuestra casera los vio por primera vez, dijo:

"Señora, cuando se despierte en este dormitorio, se creerá que ha estado durmiendo con Carlos V."

Ahora, Víctor, también ha muerto. No puedo transformar la casa entera en homenaje a él. Al contrario, estoy intentado mantener la casa tal como él la concibió.

Mi sobrina interrumpe mis recuerdos. Está llena de energía tras una reparadora noche de sueño después de su largo viaje desde los Estados Unidos.

¿Puedo hacerme el desayuno? ¿Has desayunado tú ya? Anoche dijiste que podríamos tomar tostadas con la mermelada de naranja amarga de Juana, yum.

Después de desayunar, Torrey me asiste en el rito mañanero de confinar el aire fresco de la noche dentro de la casa. Procedemos cuarto por cuarto, bajando las persianas, cerrando puertas y ventanas. Acabamos en la azotea, tirando de los cordeles de la vela de lona gruesa que da sombra al patio y la terraza. Los arquitectos llaman a esto "diseño solar pasivo," pero a mí no me parece nada pasivo. El eufemismo de Víctor parece más acertado: "Es una casa interactiva."

Me siento a descansar en una butaca de la sala grande de la planta principal.

–¿Y ahora qué puedo hacer?–, dice Torrey.

Bueno, me he vuelto loca tratando de encontrar los crucifijos de marfil que estaban sobre el bargueño de ahí.

–¿Te acuerdas de ellos?

Torrey lo intenta, pero no se acuerda de ningún crucifijo. Tiene recuerdos muy vívidos de la casa, de su visita quince años antes: almuerzos con las piernas sumergidas en la alberca del limonero; tapas en la azotea, a la puesta del sol; ensayando hacer el pino a todo lo largo del estanque del jardín; las largas caminatas por la sierra. Ahora inspecciona la habitación tratando de avivar otros recuerdos.

El cuarto está a oscuras, iluminado solamente por las rendijas de luz que resplandecen a través de las oscuras tablillas de las persianas. Su mirada se posa sobre el conglomerado de pinturas abstractas, viejas alfombras tribales y grabados enmarcados que abarrotan las altas paredes. La textura de la cal, que tanto la impresionó en su primera visita, no se aprecia tanto, escondida como está por objetos que compiten por su atención.

Un rayo de sol entra por un agujero de la persiana destacando la cara triste de la Dolorosa que descansa sobre un arcón delante de la escalera. Torrey se acuerda de ella bien. Solía estar en la otra punta del cuarto, frente al sofá y las butacas, donde resultaba una presencia inquietante que parecía importunar cualquier tertulia. Tampoco puede olvidar el entusiasmo de su tío. "La encontré sin ropa en el rastro de Sevilla. Es fantástica. Mejor que cualquiera de las imágenes que hay en la mayoría de las iglesias." Torrey sonríe, notando que la Virgen continúa vestida con la seda verde pálido, un retal de la colcha de su bisabuela de seda pintada. Torrey es tan apasionada del reciclaje como su tío lo fue del arte.

–No recuerdo los crucifijos–, dice Torrey. –¿Cómo eran?

–Son imágenes antiguas, bellísimamente talladas en marfil sobre cruces de madera. Siempre protesté de ellas. Le dije a Víctor que eran un bosque de hombres muertos colgando de árboles muertos. Me dijo que no me quedara colgada del contenido narrativo, que a él le gustaban por su contenido plástico, por la calidad de la talla.

–No pensaba que tío Víctor fuese religioso.

–No lo era. Decía que un crucifijo era un icono religioso, pero que seis eran una colección.

–¿Pero por qué crucifijos?

–Empezó a coleccionarlos hace diez años solamente, por eso no te acuerdas. Víctor estaba en Londres dando algunas conferencias. Descubrió que a los ingleses no les interesaba el arte católico y que estaban dispuestos a cambiarle un crucifijo fantástico del siglo XVIII por su anticuado reloj de pulsera de oro. A partir de entonces, todos los años se llevaba unos cuantos relojes a Londres. Tenía un puñado de los de cuerda, que había comprado en mercadillos de California, cuando todo el mundo se estaba pasando a los digitales, a principios de los ochenta.

–¿Y por qué los escondió?

–No lo sé. Por miedo a los ladrones, supongo. Le gustaba esconder las cosas. Todos los años, cuando cerraba la casa, lo guardaba todo. La cerró el pasado Septiembre como de costumbre. Ningún indicio de

que moriría en Noviembre. Mi problema es que dejé que ese fuera su cometido y ahora no encuentro nada. He buscado en todas partes. Incluso traje un cerrajero para forzar una caja de metal que descubrí. Contenía un montón de cartas de amor. Tendrías que haber visto la cara de su ayudante; lo encontró tan romántico. Pero no eran mías, eran de sus novias anteriores.

–¿Lo intentó Tucker?–. El primo de Torrey había estado hacía dos semanas.

Se pasó un día entero buscando. Víctor era un maestro a la hora de esconder. En California tampoco encuentro los sellos cilíndricos sumerios.

–Bueno–, dice Torrey plantándole cara al desafío. –Bastará con ser sistemáticos. Empecemos por abajo.

Torrey persevera manos a la obra, pero yo me distraigo. Cada habitación, cada objeto, tiene una historia que contar. Demasiadas historias compitiendo por ser contadas. De empezar una, la siguiente la interrumpiría. Revisamos los armarios y las cómodas, las cajas y las bolsas, debajo de las camas y encima de los roperos. Nada, sólo los comentarios de Torrey: –"Mira las plumas de este abanico, ¿era de Catalina?" "¿Para qué tres telescopios?" "¡Oh Dios mío, mira ese expositor de dientes postizos!"

Horas después, volvemos a estar donde empezamos: en la sala grande. Torrey empieza a revisar la colección de cajas de madera que hay debajo del bargueño antiguo.

–Esas cajas son demasiado pequeñas para que quepa un crucifijo– le digo.

–Miraré de todos modos.

Y mientras Torrey abre cada caja, yo empiezo distraídamente a abrir los cajones del bargueño. Cerrado, el bargueño parece un simple cofre. El costado frontal es una tapa abatible, que forma una superficie plana donde escribir y deja a la vista muchos pequeños cajones. Un pasador largo, que cuelga de la moldura que adorna la cornisa superior, sirve para sujetar la tapa cuando se cierra. Tiro del pasador, que está obstruyendo uno de los cajones, y de pronto me doy cuenta de que se levanta con él la parte frontal de la cornisa, dejando a la vista una cavidad de poca altura a todo lo ancho del bargueño.

–¡Dios santo. No me lo puedo creer. Mira Torrey. Un compartimento secreto. Están todos aquí!

La Casa

"La Casa Alta" tenía siglos de vidas anteriores cuando la compramos en 1978. De hecho sólo compramos la primera mitad en 1978, y la segunda diez años más tarde. Era justo lo que buscábamos: una casa andaluza con patio, abandonada. La galería central se había desplomado parcialmente. Un trozo del tejado había cedido. Una grieta vertical de casi 5 metros de larga, abierta en uno de los muros laterales, ponía toda la fachada en peligro de derrumbarse sobre la calle. No había agua corriente ni electricidad. Y sólo unas escaleras de madera para subir a un granero

que había en el piso superior. Sin embargo tenía dos patios y espacio de sobra. Con sus tres pisos de altura, la llamaban "La Casa Alta" porque era la más alta de todo el pueblo. Los muros tenían casi un metro de ancho, de piedra irregular y mortero romano bajo cientos de capas de cal. Había una gran azotea que ofrecía una vista panorámica, del pueblo con su iglesia y su castillo, el pantano, el campo, y la sierra.

Lo que la hizo factible fue el precio. Juan y su mujer pedían menos de lo que valía, por suponer que tendríamos que añadir el gasto de deshacernos de los escombros tras demolerla. Pero no teníamos intención de echarla abajo. Si esta casa había sobrevivido tantos siglos, era porque se había adaptado a cada nuevo inquilino. Respetaríamos sus muchos pasados, pero la remodelaríamos de manera que satisficiera nuestro presente y quedara asegurado su futuro.

Desgraciadamente para nosotros, Juan y su mujer sólo querían vendernos la mitad delantera de la casa: tres de las cuatro alas que rodeaban un patio. El ala trasera, que daba a una cuadra y a las humildes habitaciones donde ellos vivían, sólo sería nuestra, si éramos capaces de encontrarles una casa que les gustara más. Compramos la mitad delantera y un pequeño patio lateral; el resto tendría que esperar.

Nuestra primera tarea fue consolidar la estructura y decidir qué partes de la distribución existente podían permanecer intactas. Víctor buscó la ayuda de un amigo: el arquitecto y pintor sevillano José Ramón Sierra. Decidieron sujetar la vacilante

fachada al resto de la estructura, añadiendo un zuncho de hormigón reforzado alrededor de la parte superior de los muros. Y encima de éste, que tenía medio metro de grosor, iba un tejado nuevo con las mismas tejas viejas.

Los escasos ventanucos que había, con postigos de madera y sin cristales, no satisfacían nuestra moderna predilección por las vistas y la luz. Así que horadamos los anchos muros para abrir amplias puertas acristaladas y ventanas. El proyecto incluía también escaleras, cuartos de baño y una cocina grande.

Parte de la ilusión de habitar una casa antigua, consiste en descubrir en ella los vestigios de sus vidas anteriores. En una de las paredes de la planta superior, en alto, destapamos una tronera que nos dijeron pertenecía a la torre defensiva de la muralla que protegía la ciudad en el medioevo. Nos imaginábamos a los arqueros disparando desde aquella rendija, probablemente unas veces moros y otras cristianos, ya que la ciudad fue cambiando alternativamente de mano muchas veces, pasando de unos a otros durante varios siglos, antes de la derrota final de los moros en Granada en 1492.

También nos contaron que en el siglo XVII, se construyó una casa solariega anexionada a esta torre. Y que ésta, a su vez, fue fraccionada en el siglo XIX, para convertirse en una casa de vecinos donde vivían hasta veinte familias. Inspeccionando los viejos ladrillos de la planta principal, Víctor y José Ramón encontraron muestras de cómo había sido transformada aquella casa del siglo XVII. La solería de ladrillos en espiga, con una cenefa sencilla corrida alrededor, confirmaba que las cuatro habitaciones que ahora daban a la fachada, habían sido antes una sola. Cuando hicieron derribar los delgados tabiques devolviendo "la sala grande" a sus proporciones originales, decidieron dejar las líneas blancas que quedaron marcadas en el suelo, para indicar dónde habían estado las paredes. "Quiero que se pueda leer la historia de lo que he hecho."

La casa guardaba más secretos. Hicimos agujeros en el suelo de cemento alrededor del patio, para plantar parras que treparan por las altas paredes y se enredaran en las rejas de los balcones. Algunos años más tarde decidimos poner un Júpiter en medio del patio para dar sombra. El albañil tuvo que romper capas y más capas de cemento y pedruscos hasta encontrar tierra. Y mientras cavaba un hoyo lo bastante profundo para que cupieran las raíces, de pronto casi se le cae la pala dentro de un boquete. Todos se congregaron a su alrededor, escudriñando el agujero y calculando su profundidad con una botella de cerveza amarrada a una cuerda. Por último apareció un vecino entrado en años:

–"Yo jugaba aquí de niño–, dijo. Es un túnel que exploramos una vez. Nos avisaron de que podía derrumbarse sobre nosotros. Decían que se prolongaba hasta el castillo y después cruzaba hasta el convento. Pero se nos agotaron las linternas."

No sabía quién había excavado el túnel ni por qué. ¿Sería una vía de escape para los sitiados durante los siglos de alternancia en el poder entre moros y cristianos? ¿Por qué la conexión con el convento? Nos hubiera gustado investigar más pero el presupuesto y el tiempo nos lo impidieron. Quince años más tarde, cuando el Júpiter se secó de pronto, deduje que habría perdido sus raíces en el interior del túnel.

Durante la remodelación, los albañiles presuponían que querríamos enlucir todas las paredes con una moderna y homogénea capa de cemento, y después pintura:

–Podemos rascar toda esa cal tan irregular– decían. De todos modos tenemos que cubrir con cemento la grieta, y también alrededor de las ventanas nuevas, y tapando las nuevas tuberías. Si pintáis sobre el cemento, no tendréis que blanquear todos los años después de las lluvias del invierno. La pintura dura siete años.

–Ni hablar– insistió Víctor. –Quiero que la historia de lo que está hecho por mí, sea descifrable. Y todo ese hojaldre de cal lo quiero como aislamiento. Ven aquí. Pon la mano en esta pared. Mira lo fresca que se mantiene la cal incluso al calor del sol. Ahora ve y toca una casa pintada con pintura –ven aquí, te lo enseño–, ¿lo notas?, quema. La pintura absorbe el calor del sol.

De ahí que La Casa Alta siga luciendo el blanco de la cal. Y que el observador atento pueda localizar, no sólo dónde fueron instalados los cables eléctricos y las tuberías del agua, sino también, en la pared, el rastro tenue de los peldaños de la escalera que eliminamos, y distinguir, en cualquier parte, la diferencia de textura entre el cemento nuevo y los viejos estratos de cal. Hicieron falta dos toneladas de cal para blanquear todas las paredes de dentro y de fuera. Y todos los años hace falta una capa nueva para remozar parte de las paredes exteriores.

Transformamos el interior con mejoras muy modernas, pero no la fachada. Las casas de pueblo en Andalucía están todas adosadas unas a otras, sin patinillos delante ni a los lados. Un patio central proporciona luz, ventilación y un espacio privado al aire libre. Nuestra casa era típica en cuanto que tenía una puerta principal en el centro de la fachada, por la que se accedía al patio a través de un vestíbulo. Pero era un problema para nosotros el que la puerta de entrada estuviera tan expuesta. Éramos forasteros en un pueblo que no estaba acostumbrado a los forasteros. A Catalina la madre de Víctor, por ejemplo, que era de Sevilla a sólo una hora de distancia, la veían tan extranjera, que cuando iba por la calle con pantalones, los niños brincaban a su alrededor diciendo: –"Mira, mira, una mujer vestida de hombre."

Víctor deambulaba por el pueblo continuamente; tomándose una cerveza y una taza de caracoles con los hombres, o yendo en busca de Zarzuela nuestro albañil, o hablando con el carpintero sobre la modificación de una mesa. Catalina también salía todas las mañanas, vestida como es debido, a comprar el pan o hacer los recados, y por las tardes a misa. Fueron aceptados enseguida, habiendo aprendido pronto a ser uno más, y lo único que pretendían era mantener, tanto su vida privada como los insólitos cambios que tenían lugar dentro de la casa, fuera del alcance de las habladurías.

Yo sin embargo me sentía intimidada. No comprendía ni me adaptaba tan fácilmente a los cánones locales, y con frecuencia me veía metiendo la pata embarazosamente. En la tienda de comestibles por ejemplo, palpaba la fruta para elegirla, como hace todo el mundo en mi país, sin reparar ni en el disgusto del tendero ni en las miradas reprobatorias de la nutrida clientela de mujeres que aguardaban ser atendidas.

Víctor corregía a menudo mis americanismos, sentía que lo dejaban en mal lugar. He vivido en varios países como extranjera, pero nunca como esposa de uno de allí. Acabé comprendiendo por qué las personas que viven en pequeños pueblos cerrados, le dan tantísima importancia a la intimidad. Así que todos queríamos más intimidad.

En la fachada, a un lado, encontramos trazas de una puerta tapiada que debió ser la entrada primitiva: una puerta acodada islámica. En una casa árabe típica, el acceso se controlaba mediante una puerta principal pequeña, seguida de un pasadizo estrecho que hacía un recodo muy pronunciado. Hasta que no llegó a Andalucía la influencia de las casas renacentistas italianas, después de la Reconquista, no empezaron a construirse las casas volcadas hacia la calle, con la puerta principal en el centro, ofreciendo una vista del patio a través de una reja.

Víctor recuperó la puerta acodada moruna, e incluso añadió un pequeño tramo de escalones antes del recodo. La puerta central, más grande, la conservó solamente para meter el coche

de vez en cuando. De esta forma, una fachada anodina oculta la transformación habida dentro. Las ventajas de una casa cuyo acceso está a la vista, sin embargo, no se reducen a una mayor intimidad. Suscita la emoción del descubrimiento, que luego perdura al recorrer la casa: un itinerario, también visible, a través de un complicado laberinto donde se alternan oscuridad y luz, estrecheces y amplitudes.

Los Muebles

Empezamos buscando muebles en una fábrica de piezas de maquinaria agrícola que había quebrado. Encajaba en nuestro presupuesto. El almacén parecía abandonado pero finalmente salió un guarda renqueando a recibirnos. La enorme nave estaba llena de polvo y prácticamente vacía.

—No queda mucho—, dijo el guarda. Los escritorios valen cien pesetas por cajón, las sillas cien pesetas cada una.

Víctor era como niño en una playa llena de conchas.

—Estas mesas de escritorio de madera son increíbles—, decía, podría cortarles dos de los cajones y pintarlas de blanco para la cocina. Y este escritorio pequeño, para el cuarto de mi madre. Esa enorme mesa de dibujo podría ser una mesa de comedor. Quizás pueda usar aquellos caballetes como patas.

Encontré un batiburrillo de moldes de fundición de madera. "Mira ese molde con forma de

rejilla. Podría ser la tapa de una mesita de café," le dije a Víctor.

Víctor estaba acumulando un montón de cachivaches extraños. —"Esto debe de ser el prototipo de un conducto o una tubería. Podría usarlo en una escultura— o una lámpara."

—¿Qué vas a hacer con esas tapaderas redondas o lo que quiera que sean?

—Son estupendas —caoba. Júntalas así y añade un globo de cristal. Harán una lámpara fantástica. Y esos moldes rojos tienen una forma de cuña interesante. Quizás para una escultura también. Y ese pie para las tarjetas de fichar de los empleados podría servir para dejar las cartas.

—¿Poner cartas ahí? Más bien parece una veleta.

—¿No ves lo hermoso que es? Mira las proporciones de la base de hierro. Es demasiado bueno para dejarlo escapar.

—Vale, esas papeleras de alambre son bonitas, ¿pero qué vamos a hacer con ocho escritorios?

—No te preocupes. Usaré algunos como mesas de trabajo en mi taller. Y en esta vitrina grande podemos guardar la vajilla.

Cuando llegó un camión con aquel cargamento de mesas de escritorio viejas, polvorientas sillas de oficina y moldes de fundición, no es de extrañar que los vecinos se preguntaran qué clase de negocio estábamos montando.

Otro golpe de suerte fue el cierre del antiguo y magnífico Hotel

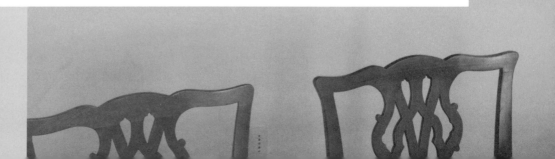

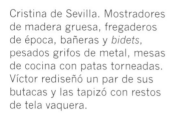

Cristina de Sevilla. Mostradores de madera gruesa, fregaderos de época, bañeras y *bidets*, pesados grifos de metal, mesas de cocina con patas torneadas. Víctor rediseñó un par de sus butacas y las tapizó con restos de tela vaquera.

Víctor consideraba que era preferible no tener muebles, a tener muebles feos. Así que nos mudamos a la casa vacía, a excepción del mobiliario reciclado de la fábrica y el hotel. Ni siquiera teníamos barandilla en la escalera que subía a la sala grande. La simplicidad de su zigzag diagonal era demasiado hermoso como para desbaratarlo con una barandilla convencional. Aterrorizamos a los visitantes acrofóbicos durante dos años, antes de que José Ramón diseñara por fin una especie de cuadrícula enorme de tubos, como una jaula, que hizo la escalera más segura para los adultos, aunque no para niños pequeños.

Me enamoré del primitivismo de la casa vacía. El paño blanco colgando de una puntilla sobre el fregadero. La suavidad como de cuero de los ladrillos gastados del suelo, abrillantados con cera roja. Me fascinaba ver cómo la pintura blanca integraba la forma de los objetos, suavizando ·que no borrando· sus texturas, cicatrices e imperfecciones, de la misma manera que los del pueblo disimulan con cal una piedra que sobresale en la pared. La sencillez monacal inspiró a nuestro amigo Peter a referirse a su dormitorio como su "celda."

La casa entera se fue convirtiendo en un gran ensamblaje blanco. Pusimos persianas blancas en las ventanas y una enorme vela

de lona blanca sobre el patio. Víctor compró un lote de platos de cerámica blanca. El minimalismo del blanco me desafiaba. Empecé a cocinar todo tipo de comidas blancas: gazpacho blanco (con almendras y ajo), coliflor con ajo, arroz en blanco, filete de lenguado o merluza en salsa blanca con cebollas blancas, pan blanco, queso de cabra, merengues, yogurt. Y no paraba ahí: servilletas blancas, ropa de cama blanca, colchas blancas…

El mármol blanco era el siguiente paso lógico para nuestra casa blanca. Por el precio del alquiler de una furgoneta, le vendieron a Víctor una serie de fragmentos de columnas romanas, procedentes de un jardín que estaban remodelando. Las colocó en las esquinas de lo que él llamaba la logia. Una cornisa rota se convirtió en un escalón para la alberca del limonero. Un día Víctor llegó a casa con una camioneta cargada con cuatro lápidas de mármol, gruesas, ovaladas y rotas, procedentes un derribo. Habían sido mostradores en una carnicería, me dijo, mostrándome los bordes tallados para recoger los jugos de la carne. Acabó utilizándolas como mesas ·con diferentes patas de mármol o hierro· en la cocina, logia, pérgola y azotea. Pedazos sueltos de frisos y losas de mármol se juntaron formando varios bancos, repisas, y un salpicadero para el fregadero de la cocina. Encontró una cabeza romana auténtica, pero también aprendió a aplicar un acabado de mármol falso sobre cabezas de escayola.

El escudo de los Mancera, en mármol, estaba intacto cuando Víctor lo encontró en el mercadillo de Birmondsey de

Londres. Pesaba demasiado para acarrearlo, pero su madre había sido una Mancera y no podía dejarlo allí. El taxista le ayudó a subirlo hasta su cuarto del hotel, pero tomaba el avión al día siguiente, demasiado tarde para mandarlo por barco. Habiendo decidido que era mejor llevárselo troceado que abandonarlo, lo tiró de la mesa. No logró partirlo, pero el golpe y la sacudida, provocaron una llamada del conserje.

–No, no, no se preocupe. Ningún problema. Nada roto. Solo un escudo de mármol que resbaló de la mesa–, contestó.

A continuación compró un mazo y envolvió el escudo en una manta para amortiguar el ruido. Afortunadamente la piedra se rompió en sólo tres pedazos, uno por cada una de sus dos maletas y su bolsa de mano. Llevaba mucho sobrepeso, pero en aquellos tiempos todavía se podía engatusar al personal de las líneas aéreas. Dejó el mazo en el armario del hotel para la gobernanta.

Mientras yo me recreaba en la austera sencillez de nuestra casa, imaginando ser una pionera americana que cosía retazos de telas viejas para hacer colchas de patchwork. Víctor soñaba con remotos castillos abarrotados de pinturas y tapices. Veía la casa como un lienzo en blanco sobre el que plasmar cosas hermosas. Empezó a coleccionar pinturas abstractas de amigos y coetáneos de Sevilla: Ignacio Tovar, Gerardo Delgado, José Ramón Sierra, y Curro González. Nuestro amigo Pepe Soto nos regaló el último de sus cuadros de la corriente americana "borde duro": negro arriba y verde berenjena casi negro abajo, separado por delgadas líneas rojas, blancas y naranjas. Su oscuridad contrastaba con todas las tonalidades blancas de la casa. Un día Víctor se encontró a nuestro carpintero, Zarzuela, sosteniendo el martillo detrás de su espalda, contemplando el cuadro:

–Don Víctor ¿Esto qué significa?

–Ay, Zarzuela, como te explicaría. Es un idioma. Está hablando de otro arte.

Zarzuela caviló unos minutos más. "O sea– dijo encogiéndose de hombros–, que el que la lleva, la entiende."

Pepe estaba encantado. "Es el mejor comentario que he recibido nunca sobre mi trabajo. De ahora en adelante, ése será el título del cuadro."

En lugar de tapices, Víctor colgó en las paredes viejas alfombras orientales –caucásicas, Cazaks y Gendjes– compradas en mercadillos públicos y privados de San Francisco. A Víctor le encantaba contar cómo compró el kilim Senna:

–Lo encontré en el rastro de Marin bajo un montón de carburadores grasientos. No podía creer lo que estaba viendo–. Señalaba una quemadura. –El tío apagaba las colillas encima. Me dijo que no estaba en venta, pero me dejó llevármelo por diez dólares después de comprarle otra manta vieja para sus recambios.

Entonces Víctor pasaba a explicar lo que un experto en alfombras persas le había dicho: "Restaurarla le costaría diez mil dólares.

Es tan fina que sólo las niñas tenían los dedos suficientemente pequeños para tejer los nudos. Hoy en día tendrían que repararla con pinzas."

En los años 1990, el despegue económico en España impulsó la remodelación de muchas casas viejas. Y la gente de Sevilla empezó a deshacerse de los azulejos policromados que, desde el tiempo de los moros, protegían las paredes del piso bajo de las casas, de la humedad que se filtraba por el suelo en invierno.

Víctor se hizo experto en identificar los diferentes estilos y periodos, y me enseñó las diferencias. Un día, andando por una de las callejuelas estrechas de Sevilla, vi una carretilla en la calle con ocho azulejos viejos. Cuando guiada por la curiosidad me detuve a examinarlos, apareció un hombre que me preguntó si los quería comprar. –"No," le dije, pero insistió; así que le pregunté cuánto pedía por ellos. Pretendía que yo le hiciera una oferta, pero me resistí diciendo que se sentiría insultado por lo poco que ofrecía. Al final le dije que no podía pagar más de 5 euros por cada uno, sabiendo que en las tiendas se vendían por diez veces más. "Pero es que son del siglo XVIII, valen muchísimo más–," contestó. Le repliqué que eran del XIX e hice ademán de marcharme. Al final accedió a venderme el lote por 50 euros. Cuando me di cuenta de que no podía ir cargando con ocho losas gordas hasta mi casa, se ofreció a llevármelas en el carrillo. Estábamos llegando cuando nos tropezamos con Víctor:

–Mira lo que he comprado, le dije. –Miguel –dijo Víctor–, ¿Cuánto le has sangrado a mi mujer?

–Cien euros. Supe que era tu mujer en cuanto me dijo a dónde íbamos. Es una negociante dura.

Me sentí orgullosa de aquella compra imprevista que hice, al toparme inesperadamente con uno de los chamarileros del jueves de Sevilla que Víctor conocía.

El mobiliario de la casa consistía en su totalidad en colecciones. Objetos destituidos de su primitiva función original. Mostradores transformados en mesas. Fragmentos de columnas romanas convertidos en escalones. Alfombras en tapices. Una rejilla de madera se convirtió en la tapa de una mesa, donde iban colocados los bastones con mango de plata y las bolas de billar de marfil de un juego desconocido. Había una colección de copas, unas venecianas y otras que recibió como pago por las conferencias que dio sobre el cristal en la arquitectura. Las colecciones no eran meros objetos, eran el decorado de la representación de Víctor contando sus historias.

La casa de un arquitecto no está nunca terminada. Los requiloriados bronces de una cama con dosel, aguardan todavía en una repisa. Y sus patas torneadas y demás piezas de madera, junto a la puerta principal.

El Jardín

Nuestro paraíso necesitaba un jardín. Que dependía de encontrar una casa para Juan y su mujer. Nos costó 10 años dilucidar qué era lo que no querían: ni un piso nuevo, ni un unifamiliar a las afueras. Finalmente encontramos lo que sí querían: una casita modesta con muchos años a sus espaldas, en la plaza del pueblo. La compramos y se la cambiamos por el resto de nuestra casa.

Teníamos ahora mil seiscientos metros cuadrados trapezoidales (nada era cuadrado en la casa) de cemento pelado. Víctor y yo, cada uno por separado, habíamos estado soñando con nuestro jardín. Yo soy una jardinera, tanto más feliz cuando aspiro la fragancia terrenal de mi mantillo, especialmente si tiene los matices cítricos de las cortezas de naranja en descomposición. Me paso horas llegando a conocer mis plantas: vigilando la aparición de los primeros brotes, lavando de cochinillas el limonero, o limpiando de ácaros el naranjo enano con un buen chorreón de agua. Noto si la yerbaluisa se está quedando escuálida por falta de sol, y decido podar aquel hibisco que se está poniendo demasiado frondoso. Retraso la poda de una rama del magnolio hasta que sus flores están a punto de abrirse y puedo ponerlas en un jarrón. Creo que las plantas, como las personas, prosperan cuando tienen cubiertas sus necesidades. Y si crecen enfermizas, generalmente significa que están en un ecosistema equivocado.

Me gustaban los jardines de Ohio y de California que conocía. Había aprendido que su informal belleza (de senderos sinuosos, setos de flores variopintas y ondulantes céspedes) provenía de los jardines paisajísticos, que tan populares se hicieron en el campo lluvioso y templado de la Inglaterra decimonónica. Pero acabé por comprender que este tipo de jardines no pueden florecer bajo el tan a menudo implacable sol andaluz.

Víctor no compartía mi prejuicio americano hacia el jardín formal: setos primorosamente recortados, senderos rectos, arriates simétricos. Le dije que tiranizaba las plantas tratándolas como ladrillos. El quería un jardín Islámico-Andaluz.

Por suerte tuve diez largos años para ilustrarme acerca de la sabiduría ecológica del jardín andaluz. En las tumbas del antiguo Egipto, los dibujos muestran una cisterna central que abastece de agua a una alineación de árboles y otras plantas, con altos muros alrededor protegiéndolos. Se creaba así un refrescante microclima para personas y plantas, tan bienvenido en los sofocantes desiertos donde estos jardines se inventaron, como durante la sequía del verano andaluz. Consentí en adaptar el jardín andaluz a nuestro moderno estilo de vida.

Empezamos con el pabellón mirador islámico. Como el pueblo está en la falda de una colina y la casa está en desnivel, el ala trasera, la parte nueva, quedaba metro y medio por debajo del patio, y el jardín, dos metros todavía más abajo. Víctor diseñó una terraza con una pérgola, junto al nuevo cuarto de estar y a la cocina de la planta más baja. Funciona como una versión moderna de la tradicional zona de tránsito musulmana, que separa la casa y el jardín; y debido al cambio de niveles hace las veces de pabellón mirador (llamado "talar" en Persia), con el jardín extendido abajo como una alfombra persa.
A continuación queríamos un estanque decorativo que sirviera para nadar largos. Para obtener tres preciosos metros más de

longitud, la solución de Víctor fue hacer que un extremo de la piscina se internara bajo el suelo de la terraza. Lo que creó una especie de gruta,"la cueva": un refugio contra el sol del mediodía, y un lugar ideal para dormir siestas sobre los poyetes a ambos lados. La profundidad de la piscina sólo cubre hasta el pecho; igual que un baño árabe según José María el primo de Víctor. A menudo servíamos las tapas junto a la entrada de la cueva, a unos invitados que dejaban sus catavinos flotando en el agua fría. En una ocasión deleitamos a la hija de unos amigos nuestros, que cumplía 10 años, haciendo que su tarta entrara flotando en la cueva con las velas encendidas sobre una tablilla de nadar.

Los cánones andalusíes exigían que nuestro jardín fuera cuatripartito, una tradición que se remonta al jardín del Edén. El Génesis nos dice: "Un río salía de Edén para regar el jardín, y de allí se dividía en cuatro brazos." La iconografía budista también tiene cuatro ríos, afluentes de una fuente común. Los antiguos persas creían que una cruz dividía en cuatro el universo, con el manantial de la vida en su centro. Esto evolucionó hacia el jardín cuatripartito islámico, con una fuente en el medio.

Nuestro jardín de cuatro cuartos no es realmente simétrico, y de hecho no tiene cuatro, sino diez arriates. Desafiando las normas, cada uno de los cuadrantes centrales tiene un tamaño diferente, y también un árbol diferente. Y los estrechos parterres a su alrededor, están plantados con distintas clases de árboles, arbustos y enredaderas. Unificamos esta diversidad con setos bajos de arrayán, cortados a la misma altura que el borde de la piscina.

Un jardín paradisíaco es un lugar de sosiego y deleite sensual. De los cinco sentidos, el olfato es el más seductor. Conecta directamente con la parte emocional del cerebro y ha sido desde siempre parte esencial de un jardín de las delicias. Planté cinco variedades diferente de jazmín de olor. El jazmín español tradicional cubre la pared en sombra, orientada al norte, junto a la pérgola, donde sus flores blancas se abren por las noches exhalando su perfume legendario. Víctor le cogía a su madre un ramillete todas las tardes, para la mesita de noche. Un jazmín Sambac en un extremo de la piscina, cautiva a los nadadores que descansan después del ejercicio. Lucille Tenazas me explicó que es la flor nacional de Filipinas, donde sus dobles corolas se utilizan para hacer guirnaldas. Las flores del jazmín "alas de ángel" son más fragantes por la mañana, así que lo planté junto a la ventana de la cocina, para poder disfrutar del dulce aroma de sus flores como molinillos junto con la tostada de mi desayuno. Otras flores de olor que plantamos fueron: Stephanotis (habitual en ramos de novia), Datura (brugmansia candida), Caracola (con la fascinante filigrana de sus flores), Pasionaria (especialmente la passiflora quadrangularis con flores perfumadas de canela), Copa de oro (solandra maxima, con su olor ·a plátano quizás· tan tropical), Osmanthus (un aroma esquivo que encontramos en los dulces chinos). Y todos los azahares.

Para el sentido del tacto, el jardín ofrece plantas aromáticas que despiden su olor sólo cuando se las acaricia: arrayán, menta, romero, yerbaluisa, clavel del moro, poleo.

El murmullo del agua es el sonido más cautivador de un jardín. Y su chapoteo el más alegre. Qué extraño que el gotear de un grifo nos coja los nervios y el de una fuente nos los calme. En un día de calor el sonido del agua llega incluso a refrescarnos. Durante años, Víctor buscó una fuente plana para presidir el centro del jardín. Un día lo llamó un amigo diciéndole que en Granada estaban derribando una villa con su jardín. Víctor partió a los quince minutos y regresó aquella tarde con una pila de mármol. Después de añadirle una boquilla antigua de bronce, parecía llevar siglos en la intersección de los cuatro senderos. También encontró una cabeza de león de mármol, que ahora vierte agua sobre un pequeño estanque con papiros, poco profundo, que hay bajo de las escaleras del jardín.

No descuidamos el sentido del gusto. Plantamos frutales. Los tradicionales del Mediterráneo, como pomelos, naranjos, olivos y limoneros. Y otros de reciente introducción como kumquats (naranjo enano), feijoas (guayaba del Brasil), carissas (ciruelo de Natal).

El Estanque del Limonero

La idea de convertir un patio entero en un estanque fue de Víctor, pero no era original.

No obstante, como Víctor solía citar: "El secreto de la originalidad está en recordar lo que ves y olvidar dónde lo viste." También citaba a T. S. Eliot, que decía: "Los poetas menores, toman prestado, los grandes poetas, roban."

No haciéndose ilusiones respecto de su propia originalidad, a Víctor le encantaba dar un uso nuevo a viejos objetos, transformándolos en esculturas, o muebles, o montajes de todo tipo. Los frutos de la creatividad –tanto artística como científica– del hombre, y la inventiva de la que daba muestras naturaleza, le fascinaban por igual. Coleccionaba crucifijos y relojes, viejas flautas y netsukes, cristales de cuarzo y maquetas de barcos, herramientas de arquitectura y dientes postizos, porcelana inglesa y madera fósil, vidrio soplado moderno y máscaras africanas. Y muchas cosas más. Las compraba en mercadillos y tiendas de segunda mano. Objetos con frecuencia huérfanos, separados de quienes, una vez, los habían amado y cuidado. Era casi como si los estuviera rescatando de manos mercenarias que ni los valoraban ni respetaban.

Víctor coleccionaba ideas además de objetos. Y una de esas ideas fue el estanque del limonero. En el jardín renacentista del castillo de Bornos, hay un estanque prácticamente amurallado. Tiene paredes en dos de sus lados y verjas de hierro en los otros dos. Presenta un estado lamentable, siempre lleno de residuos y maleza. Pero la fuente de la inspiración es impredecible; incluso improbable.

En la remodelación inicial de la casa, Víctor había construido

lo que él llamaba una logia,
eliminando las paredes de la
habitación que separaba los dos
patios sesgados, y había plantado
un limonero en el pequeño patio
lateral. Que seguía allí, 10 años
después, cuando decidió convertir
aquel patio en una alberca.

Tengo que confesar que al
principio me opuse.

–Qué lástima, perder un
buen árbol.

–No te preocupes. No lo perderás.

–Es un desperdicio inútil de
espacio–. Mi madre me había
enseñado que las mujeres deben
ser prácticas.

–Te vas a quedar impresionada
cuando esté terminado.

Me quedé impresionada.
El resultado fue mágico.
La simplicidad de las cuatro
paredes blancas. El agua justo
lo bastante profunda como para
que la alberca blanca se tiñera
de un pálido azul turquesa.
Una cornisa romana, reciclada
y convertida en cómodo escalón
sumergido. Y las hojas tan verdes
del limonero, que parecían flotar
en el aire, después de que,
siguiendo la costumbre, pintaran
con cal el tronco oscuro, para
evitar que se recalentara.

A Catalina le gustaba sentarse en
la logia, junto al estanque, a leer.

Y a mí me daba por sumergirme
en el árbol durante horas, sobre
una escalera, con la excusa
de podarlo y desinsectarlo;
aunque más que nada lo hacía
por el placer de disfrutar de
aquel espacio.

Era el lugar favorito donde
almorzar, de un grupo de amigos
nuestros, después de tapear en la
cueva del jardín. Lo llamábamos
nuestro comedor de verano.
Creo que la idea de servir el
almuerzo alrededor del limonero,
sentados con las piernas en el
agua, se la inspiró a Víctor el
comedor de Villa Lante en Italia,
donde los invitados podían
refrescarse las manos, en el agua
que corría por un canal a todo
lo largo de una gran mesa
de piedra.

De la Casa Alta se ha dicho que
es un santuario y también un
laberinto. Alguien sugirió también
que la gran diversidad de espacios
que conviven dentro de ella,
cada uno con un estado de ánimo
distinto, es una metáfora de la
compleja personalidad de Víctor.
Es una casa tremendamente
personal, donde nada es nuevo,
y todo lo viejo ha sido reinventado.

Epílogo

La historia de la Casa Alta está inconclusa. Gran parte de su pasado permanece aún escondido. Su futuro es incierto. Y muchas de las historias de nuestra estancia en ella, se fueron con Víctor cuando él murió. Estas historias sin contar, adornan la casa con un cierto aire de misterio, que nos incita a explorar y a rezagarnos. Lo mismo que ocurre con que la sombra grave que proyecta el deslumbrante sol andaluz, que nos invita a detenernos, adecuar nuestra mirada, y descubrir el mundo oscuro y sensual de la umbría.

El paraíso celestial será pura felicidad. Pero el secreto de este paraíso terrenal, yace en la contradicción entre sombra y luz, paz e intranquilidad, simplicidad y opulencia, tradición e innovación, aprendizaje y juego. Es un país de las maravillas complejo, rico en contrastes: de la oscura puerta acodada, al luminoso patio; por un pasaje angosto, a la pérgola y el jardín amurallado; subiendo la estrecha escalera, a la sala grande; por una biblioteca sombría y más escaleras estrechas, a la sorprendente vista extendida desde la azotea. La desorientación que produce este recorrido laberíntico alrededor del contorno del patio y subiendo y bajando cinco tramos de escaleras, se mitiga con las tentadoras insinuaciones que se vislumbran a través de pequeñas ventanas y ensanches inesperados. Este no es un laberinto que conduzca a un único centro. La circunnavegación, con todas sus seductoras desviaciones, prolonga el placer del descubrimiento.

Las colecciones, al evolucionar constantemente, lejos de ser piedras estáticas y ladrillos, o efímeras plantas y mobiliario, insuflan vida a este recinto. Ensamblan la estela luminosa de la creatividad del pasado, con la maravilla de las nuevas creaciones deseando ser expuestas y explicadas. En realidad, la casa en su conjunto, puede considerarse como un ensamblaje singular y único en constante evolución. Muchas de sus vidas anteriores continúan siendo un secreto, insinuadas solamente en vestigios que van desapareciendo bajo las capas de cal que hemos ido añadiendo. Los retazos fragmentados de todas aquellas vidas anteriores, cobraron vida en un diseño nuevo que incorporaba los misterios de todos los objetos que Víctor coleccionó, reuniéndolos en una nueva creación que evolucionó con nosotros.

Las colecciones tienen alma por la magia de las cosas; o será la tiranía de las cosas. Sólo como efecto colateral, encarnan una cultura sostenible al reciclar los artilugios más valiosos de las culturas pasadas; del mismo modo que las viejas columnas y capiteles romanos realzaban las iglesias cristianas de la España visigoda, antes de apoyar los arcos de herradura en la gran mezquita de Córdoba. En la Casa Alta un trozo de columna romana acostada de lado, se transforma en un peldaño para el estanque del limonero. Y azulejos del siglo XVIII, concebidos para entrelazarse como elementos de una trama, ahora forman composiciones independientes.

Las cosas evocan recuerdos, acarrean historias que nos sustentan. Víctor no reciclaba cosas viejas para salvar el planeta. Era el esfuerzo de coleccionarlas y reunirlas lo que lo sostenía, porque quería aprender lo más posible acerca de ellas, y le encantaba manosearlas, y disfrutarlas, y transformarlas en nuevas e interesantes composiciones. Coleccionaba objetos que le decían algo, que después usaba para contar nuevas historias, escritas sobre los secretos escondidos de sus historias pasadas.

Las colecciones no eran meros accesorios, eran un pozo de inspiración. Víctor decía que si un objeto –o cualquier artefacto– te atrae, y te preguntas ¿lo necesito?, ¿dónde lo puedo poner?, ¿me lo puedo permitir?, entonces es que no eres un coleccionista. La variedad y erudición de sus colecciones, iluminaban todo el espectro de su creatividad.

Yo estaba embelesada y exasperada a la vez. Aunque protestaba a menudo de la tiranía de las cosas, me sentía tan irresistiblemente atraída hacia ellas, como lo estuve hacia Víctor el día que lo conocí. Los enormes neumáticos, tuberías y parachoques de las esculturas de su apartamento de Sevilla, fueron reemplazados por una miríada de colecciones. Plata sobredorada, grabados de Piranessi, ikats de Indonesia, mosaicos romanos, cámaras, telescopios, cuernos, cristal de Venecia, fuentes de porcelana fina, alfombras del Cáucaso, cajas de plata, bolas de billar de marfil, juegos de *croquet*… Y tantas y tantas más, que podrían haberme paralizado de no haberme seducido y estimulado.

Es la hora plácida entre el día
y la noche. Me sirvo una copa
de manzanilla en un catavino
y contemplo el jardín desde la
pérgola. A los setos les han salido
calvas durante el año desde que
Víctor murió. ¿Habrán adivinado
que yo discrepaba de su rigurosa
geometría? Aspiro el perfume
especiado que emana de los
largos zarcillos de una flor de la
pasión. Su intenso olor como a
clavo me devuelve al atardecer
en que Víctor me llamó:
"Ven, corre." Y cuando bajé
corriendo desde la cocina, era
la aromática belleza de esta
flor, aquello tan urgente que
necesitaba compartir conmigo.

Pongo la flor en un gran plato
de cristal. Quiero llamar a Víctor:
–"Vuelve y contempla cómo el
brillante naranja rojizo del cristal,
destaca la pelusilla morada
de los zarcillos y el carnoso rojo
canela de los pétalos."

La luz del día se apaga, pero
las blancas flores del jazmín
resplandecen a la luz de la luna.

Víctor se encontró inmerso
en un mundo duro y cruel, que
parecía empeñado con frecuencia
en destruirse a sí mismo. No
podía arreglar el mundo, pero
sí volcar toda su energía en la
creación de este espacio lleno
de encanto y belleza.

Después de que Víctor muriera,
un alumno suyo que yo no
conocía, me escribió: Víctor,
después de proyectar en clase
diapositivas de su casa en España,
le dijo a sus oyentes: Cuando
muera, no quiero ir al cielo,
quiero irme a mi casa.
Y luego añadía: "Confío en
que esté allí ahora."

A Víctor le gustaba citar a
Ibn-Hayyam, un poeta del período
de esplendor del califato de
Córdoba, que decía:

"No hay otro paraíso que tu casa.
No pienses que mañana irás
al fuego eterno.
Nadie va al infierno después
de vivir en el cielo."

I'd like to dedicate this book to my husband,
VICTOR CARRASCO, his mother, CATALINA CAPOTE,
our friend PEPE SOTO, and all of our friends
and family who filled the space with life,
love, and laughter. I give special thanks to our
friend ANTONIO RODRIGUEZ HIDALGO and his family
for aiding us in so many ways.

Me gustaría dedicar el libro a mi marido
Víctor Carrasco, su madre Catalina Capote,
nuestro amigo Pepe Soto y a todos nuestros
amigos y familiares que llenaron el espacio con
vida, amor y risa. Le doy un agradecimiento
especial a nuestro amigo Antonio Rodríguez Hidalgo
y su familia por ayudarnos de tantas maneras.

—LIBBY MCMILLAN, 2012

Photographer: Richard Barnes
Book Designer: Lucille Tenazas
Production Assistant: Daniela Polidura

Managing Editor: Dung Ngo
Project Editor: Megan Carey
Spanish Translator: Begonia Garcia Gonzales-Gordon

Published by
Princeton Architectural Press
37 East Seventh Street
New York, New York 10003
www.papress.com

Special thanks to: Sara Bader, Nicola Bednarek Brower,
Janet Behning, Fannie Bushin, Carina Cha, Andrea Chlad,
Benjamin English, Russell Fernandez, Will Foster, Jan
Haux, Diane Levinson, Jennifer Lippert, Jacob Moore,
Katharine Myers, Margaret Rogalski, Elana Schlenker,
Dan Simon, Sara Stemen, Andrew Stepanian, Paul Wagner,
and Joseph Weston of Princeton Architectural Press
                —Kevin C. Lippert, publisher

Library of Congress Cataloging-in-Publication Data

McMillan, Elizabeth, 1941–
Casa Alta: an Andalusian paradise / Elizabeth McMillan;
contributions by Victor Carrasco, Antonio Ortiz,
John A. Loomis, Jacobo Cortines; photographs by
Richard Barnes. — First edition.
pages   cm
ISBN 978-1-61689-137-4 (hardcover : alk. paper)
1. Casa Alta (Bornos, Spain) 2. Courtyard houses—
Spain—Bornos. 3. Vernacular architecture—Spain—
Bornos. 4. Bornos (Spain)—Buildings, structures, etc.
I. Title.
NA7387.B67M39 2013
728'.37094688—dc23

                                   2012023646